SUPER STEP

スーパーステップ

中学英文法
1～3年 問題集

基礎から受験まで

KUM○N

はじめに

● 本書は、『スーパーステップ中学英文法』の姉妹編となる問題集です。学習の流れは『中学英文法』と同じですが、問題集なので、実際に問題を解いてみて、自分がどこまでわかっているか、どこがわかっていないかを確認しながら、力をつけていくことができます。

● いろいろな形式の問題が出題されているため、「高校入試対策の本か」と思われるかもしれませんが、この本はそのような入試対策に特化した問題集ではありません。表現力や読解力の「土台」としての文法力を強固にして、応用力をつけるのが目的です。

● 文法は知識としてとりこんだだけでは不十分です。その知識を使ってみることがだいじです。この問題集もそのためのものです。1つ1つの問題を解きながら、文法の知識を「使う」こと。その積み重ねが、本当の文法力をつくりあげるでしょう。

● 1回のテストは 20 問× 5 点の 100 点満点ですが、80 点や 90 点で満足しないで、100 点をめざしてください。まちがえた問題こそ、たいせつな問題です。そのまちがいをきっかけにして、理解を深め、文法力を確かなものにすることができるからです。

● 本書は独立した問題集です。解説もくわしいので、この本だけを学習しても、もちろんかまいません。しかし、『スーパーステップ中学英文法』とこの問題集を併せて利用していただくことにより、さらに大きな効果が期待できます。ぜひご活用ください。

この本の特長と使い方

1 わかりやすい！

『スーパーステップ中学英文法』と同じように英語の表現がステップアップするのに合わせて英文法を学習するので、わかりやすい！

2 取り組みやすい！

文法が苦手で、文法書も読む気が起きないという人も、問題を解きながら学習できるので、効果が見えやすく、取り組みやすい！

3 確かめられる！

文法をひととおり理解したと思っている人も、問題をやってみることで、本当に身についているかどうか、確かめられる！

4 しっかり力がつく！

さまざまな問題形式で、さまざまな角度から学習するので、自分では見つけにくい弱点をカバーでき、しっかり力がつく！

5 解説がくわしい！

別冊の「解答と解説」には、問題ごとにていねいな解説がついています。解説書もしっかり読んで、知識を定着させましょう！

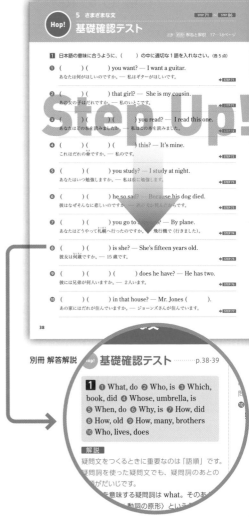

はじめる前に

●本書は問題集ですが、解答欄はもうけていません。また、100点満点のテスト形式にはなっていますが、合格点は設定していません。全問、正解が出せるようになるまで、くり返しチャレンジしてもらいたいからです。

●そのため、くもん出版のHPより、答案用紙をダウンロードできるようになっています。
それを利用しない場合でも、なるべくノートなどを用意して答えを書くようにしましょう。

ダウンロードはこちらから ➡ くもん出版 中学英文法問題集 🔍 検索

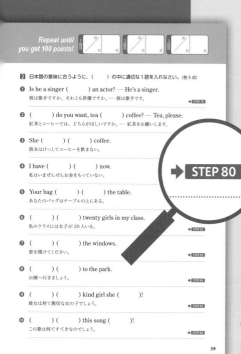

2 日本語の意味に合うように、（　）の中に適切な1語を入れなさい。（各5点）

❶ Is he a singer ( ) an actor? — He's a singer.
彼は歌手ですか、それとも俳優ですか。— 彼は歌手です。
→STEP 71

❷ ( ) do you want, tea ( ) coffee? — Tea, please.
紅茶とコーヒーでは、どちらがほしいですか。— 紅茶をお願いします。

❸ She ( ) ( ) coffee.
彼女はけっしてコーヒーを飲まない。

❹ I have ( ) now.
私はいまぜんぜんお金を持っていない。

❺ Your bag ( ) ( ) the table.
あなたのバッグはテーブルの上にある。

→ STEP 80

❻ ( ) ( ) twenty girls in my class.
私のクラスには女子が20人いる。
→STEP 82

❼ ( ) ( ) the windows.
窓を開けてください。
→STEP 83

❽ ( ) ( ) to the park.
公園へ行きましょう。
→STEP 84

❾ ( ) ( ) kind girl she ( )!
彼女は何て親切な女の子でしょう。
→STEP 85

❿ ( ) ( ) this song ( )!
この歌は何てすてきなのでしょう。
→STEP 86

39

❶基礎のチェックから！

このテストでは、各文法項目にかんする基礎的なチェックテストを行います。ここが新しい文法事項の土台づくりになります。まちがえたら、解説書をしっかり読むようにしましょう。

> ここで出題される英文は『スーパーステップ中学英文法』と共通しています。『中学英文法』の該当する STEP を見ると、くわしい文法の解説や、関連する例文ものっていて、理解を深めることができます。

❷弱点をなくしていこう！

さまざまな形式の問題を解いてみて、自分の文法力を試しましょう。自分の弱点を見つけたら、そこを集中的に補強しましょう。

❸英作文の力までつけよう！

試験にもよく出る形式の問題に取り組みながら、最終的に作文力をつけるところまで目指します。100点がとれるまでがんばりましょう。

ここも注目！

例題を解いて解説を読んでみましょう。各章の学習の"プロローグ"のようなものです。学習者にとっては"準備運動"にもなるでしょう。

重要事項をひと目で見わたせるように、表で示してあります。全体を一度に見ることで、頭の中の知識を感覚的にも整理することができます。

実際の入試問題にチャレンジします。入試の英文法をリアルに実感できると同時に、この本で学習したことの総仕上げにもなるでしょう。

3

SUPER STEP 中学英文法 問題集

CONTENTS

1 文のしくみ

> **例題** 日本文に合うように（　　　　）内の語を並べかえて英文を完成させなさい。
>
> ジョンはとてもじょうずに日本語を話します。
>
> (well / Japanese / John / very / speaks).

単語を組み合わせて1つの「文」にするには、
そのためのルールを知っていなくてはなりません。
名詞はどう使うのか、動詞や副詞はどこにおくのか。
この章では、そういった基本的なルールを、
問題練習を通じて、しっかりと身につけていきます。

では、例題を解いていきましょう。
英語の文は、日本語の文とちがい、〈主語＋動詞〉からはじまります。
この文の〈主語＋動詞〉を取り出すと、「ジョンは…話します」です。
これを英語で表すと John speaks となります。

動詞には一般動詞と be 動詞がありますが、speak は一般動詞です。
一般動詞を使うときに重要なのが、「目的語」（＝動作の対象）がつくかどうかです。
この文では、「日本語を話します」とあるので、
名詞の Japanese（日本語）が動詞 speaks の目的語になります。

これで、John speaks Japanese という文の基本形ができます。
残った単語は well と very ですが、どちらも副詞です。

目的語のある文では、動詞を修飾する副詞はふつう目的語のあとにおきます。
なので、well（じょうずに）は、speaks Japanese のあとにおきます。
もうひとつの very（とても）は、形容詞や副詞を修飾する副詞で、
ここでは副詞の well の前におきます。これでできあがりです。

解答 John speaks Japanese very well.

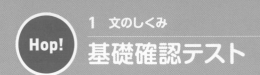
1 日本語の意味を表すように、次の（　　　）の中に適切な英語を入れなさい。(各5点)

❶ Birds (　　　　).

鳥たちは飛ぶ。　　　　　　　　　　　　　　　　　　　　➡ STEP 3

❷ I (　　　　) here.

私はここに住んでいる。　　　　　　　　　　　　　　　➡ STEP 3

❸ I (　　　　) Tom.

私はトムを知っている。　　　　　　　　　　　　　　　➡ STEP 4

❹ I (　　　　) Tom.

私はトムです。　　　　　　　　　　　　　　　　　　　➡ STEP 5

❺ You (　　　　) strong.

あなたは強い。　　　　　　　　　　　　　　　　　　　➡ STEP 6

❻ He (　　　　) my classmate.

彼は私の同級生です。　　　　　　　　　　　　　　　　➡ STEP 6

❼ He (　　　　) fast.

彼は速く走る。　　　　　　　　　　　　　　　　　　　➡ STEP 7

❽ She (　　　　) two brothers.

彼女には兄弟が2人いる。　　　　　　　　　　　　　　➡ STEP 8

❾ My (　　　　) plays (　　　　).

私の兄はテニスをする。　　　　　　　　　　　　　　　➡ STEP 9

❿ That (　　　　) is a (　　　　).

あの少女は歌手です。　　　　　　　　　　　　　　　　➡ STEP 10

2 日本語の意味に合うように、（　　　）の中に適切な1語を入れなさい。(各5点)

❶ I have a cat. (　　　) is black.

私はネコを飼っています。それは黒い色をしています。

→ STEP 11

❷ (　　　) love John. / John loves (　　　).

私はジョンを愛している。　　　ジョンは私を愛している。

→ STEP 12

❸ She is a (　　　) (　　　).

彼女は親切な女の子です。

→ STEP 13

❹ She (　　　) (　　　).

彼女は親切です。

→ STEP 14

❺ I know him (　　　).

私は彼をよく知っている。

→ STEP 15

❻ He is a (　　　) nice person.

彼はとてもいい人です。

→ STEP 16

❼ She (　　　) (　　　) tennis.

彼女はテニスをしない。

→ STEP 17

❽ He (　　　) (　　　) a teacher.

彼は先生ではない。

→ STEP 18

❾ (　　　) (　　　) (　　　) dogs? — No, I (　　　).

あなたは犬が好きですか。 — いいえ、好きではありません。

→ STEP 19

❿ (　　　) (　　　) hungry? — Yes, we (　　　).

あなたたちはおなかがすいていますか。 — はい、すいています。

→ STEP 20

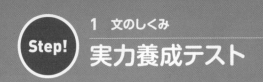

1 次の英文の（　　）の中から適切なものを選びなさい。(各5点)

❶ 私はいま眠いです。
I (sleepy / am sleepy) now.

❷ 私はよく眠ります。
I (sleep / am sleep) well.

❸ 私たちはきょうはいそがしいです。
We (busy / are busy) today.

❹ 私たちはジョンをよく知っています。
We (know / are know) John well.

2 次の英文の（　　）の中に am, are, is のどれかを入れなさい。(各5点)

❶ Emily (　　　　) a student.
エミリーは学生です。

❷ I (　　　　) a nurse.
私は看護師です。

❸ Emily and I (　　　　) good friends.
エミリーと私はいい友人同士です。

❹ They (　　　　) very tired.
彼らはとてもつかれています。

❺ Your dog (　　　　) very cute.
あなたの犬はとてもかわいいです。

❻ Your shoes (　　　　) cool.
あなたのくつはかっこいいです。

3 次の英文の（　）の中の動詞を<u>必要があれば</u>適切な形に変えなさい。（各 5 点）

❶ My brother (play) the guitar.

私の兄はギターをひきます。

_____

❷ His parents (love) him very much.

彼の両親は彼をとても愛しています。

_____

❸ She (study) math every day.

彼女は毎日数学を勉強します。

_____

❹ This house (have) a beautiful garden.

この家には美しい庭があります。

_____

❺ Mr. Smith (teach) English.

スミス先生は英語を教えています。

_____

4 （　）の中の単語を適切な場所におぎなって、英文を完成させなさい。（各 5 点）

❶ This is useful.（ book ）

この本は役に立つ。

_____

❷ We study English.（ hard ）

私たちは一生けんめい英語を勉強する。

_____

❸ Mr. Smith is a teacher.（ good ）

スミス先生はよい先生です。

_____

❹ That man is rich.（ very ）

あの男の人はとてもお金持ちです。

_____

❺ She is my classmate.（ not ）

彼女は私の同級生ではありません。

_____

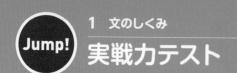
1　次の英文の（　　　）に最も適するものをア〜エから１つ選びなさい。（各5点）

❶ This is my book.（　　　）is very interesting.
　　ア　This　　イ　My book　　ウ　It　　エ　He

❷ Emi is a nice girl.　We love（　　　）.
　　ア　she　　イ　her　　ウ　he　　エ　him

❸ Tom and John are good friends.（　　　）like soccer.
　　ア　He　　イ　Him　　ウ　They　　エ　Them

❹ Betty（　　　）like cats.
　　ア　isn't　　イ　aren't　　ウ　don't　　エ　doesn't

❺ （　　　）your mother a teacher?
　　ア　Is　　イ　Are　　ウ　Do　　エ　Does

2　次の英文には文法上の誤りがある。それを正しくなおした文を書きなさい。（各5点）

❶ My father go to work early.

❷ This is good movie.

❸ He doesn't plays the guitar.

❹ Her voice is a very beautiful.

❺ Do you busy this afternoon?

10

③ 日本文に合うように （　　　　） 内の語を並べかえて英文を完成させなさい。(各5点)

❶ あの男の人はとても親切です。
(kind / man / very / is / that).

❷ 京都はとても美しい町です。
Kyoto (a / beautiful / is / town / very).

❸ 私の弟はとても速く走ります。
(fast / runs / my / very / brother).

❹ 私の姉はじょうずに英語を話します。
(speaks / my / well / English / sister).

❺ きょうは天気がよくありません。
The (not / is / good / today / weather).

❻ あなたのお父さんは野球選手なのですか。
(your / baseball / father / a / is) player?

④ 次の英文を （　　　） 内の指示にしたがって書きかえなさい。(各5点)

❶ This story is wonderful.　(This is ではじまる文に)

❷ My mother cooks well.　(My mother is ではじまる文に)

❸ She lives in this town.　(否定文に)

❹ Her father teaches English.　(疑問文に)

11

整理ノート❶

この章で学習したことは、英語の基本中の基本です。文法学習とは、これら1つ1つの要素を大きく育てていくことです。

●文の基本的な形とおもな要素

主語＋動詞	〈主語＋動詞〉の文。動詞は主語の動作（〜する、〜している）を表す。
	Birds **fly**. People **walk**. 鳥は飛ぶ。人は歩く。
＋目的語	〈主語＋動詞＋目的語〉の文になる。目的語は動作の対象を表す。
	John plays **tennis**. ジョンはテニスをする。〈tennis は目的語〉
＋補語	〈主語＋be 動詞＋補語〉の文になる。補語は主語を説明することば。
	Tom is **a singer**. He is **famous**. トムは歌手です。彼は有名です。〈a singer（名詞）も famous（形容詞）も補語〉

▶主語・目的語になるのは名詞です。補語になるのは名詞と形容詞です。

●動詞の種類

一般動詞	主語の動作や状態を表す文をつくる。自動詞と他動詞がある。
	Rivers **flow**.　　　　　　　I **love** music. 川は流れる。〈flow は自動詞〉　　私は音楽を愛している。〈love は他動詞〉
be 動詞	主語（A）と補語（B）をつなぎ、「A は B である」という文をつくる。
	You **are** a genius. あなたは天才です。〈a genius ＝補語〉

▶動作の対象（＝目的語）を必要としないのが「自動詞」で、必要とするのが「他動詞」です。

●形容詞の2つのはたらき

名詞を修飾	名詞の前において、その名詞を修飾する。
	Mary has a **lovely** smile. メアリーはすてきな笑顔をもっている（＝笑顔がすてきだ）。
補語になる	〈主語＋be 動詞＋補語（形容詞）〉の文をつくる。
	We are **hungry**. 私たちはおなかがすいている。

▶「形容詞」は事物や人の性質・状態・数量などを表すことばです。

●副詞のはたらき

動詞を修飾	時、場所、方法、様態などの意味を表す。ふつう文の主要素のあとにおく。
	She speaks English **well**.　　She is busy **now**. 彼女じょうずに英語を話す。　　彼女はいまいそがしい。

▶副詞の中には、very（とても）のように、形容詞や副詞の前におくものもあります。

2 動詞と助動詞

STEP 21 ～ STEP 40

例題 （　　　）内の動詞を使って英文を完成させなさい（2語になってもよい）。

① We (walk) to the park and (sit) on the bench.
　私たちは公園へ歩いていき、ベンチにすわった。

② She (arrive) in Tokyo tomorrow afternoon.
　彼女はあすの午後、東京に着くでしょう。

動詞には、それぞれの"意味"を表すはたらきのほかに、
"時"を表すというはたらきもあります。
主語のすぐあとにくる動詞はふつう、"時"も表しています。
現在形なら"現在"を、過去形なら"過去"を。

例題①は、日本語を見るとわかるように、"過去"を表す文です。
ということは、動詞を過去形に変化させる必要があるということです。
動詞を過去形にするときは、語尾に -ed をつけるのが基本です。
この文の最初の動詞 walk（歩く）も、-ed をつけて過去形にします。

しかし、すべての動詞がこのように変化するわけではありません。
英語では基本的な動詞の多くが、不規則な変化をします。
この文の2つめの動詞 sit（すわる）も不規則な変化（sat）をします。

例題②は、未来のできごとをのべている文です。
動詞には"未来形"というものはなく、
未来を表すときは、「助動詞」の助けをかります。

助動詞の will を動詞の前におくと、未来を表すことができるのです。
ここでは動詞 arrive（到着する）の前に will（～だろう）をおきます。
前に助動詞がくると、動詞には"時"を表すはたらきがなくなり、
現在形でも過去形でもない「原形」になるので、ここも arrives とはしません。

解答　① We walked to the park and sat on the bench.
　　　② She will arrive in Tokyo tomorrow afternoon.

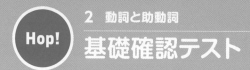

1 日本語の意味に合うように、（　　　）の中に適切な1語を入れなさい。(各5点)

❶ I (　　　　) Kyoto last Sunday.

私はこの前の日曜日、京都を訪れた。

➡ STEP 21

❷ I (　　　　) to his house yesterday.

私はきのう彼の家へ行った。

➡ STEP 22

❸ I (　　　　) (　　　　) TV last night.

私はきのうの夜、テレビを見なかった。

➡ STEP 23

❹ (　　　　) Tom (　　　　) to the party? — Yes, he (　　　　).

トムはそのパーティーに来ましたか。— はい、来ました。

➡ STEP 24

❺ The movie (　　　　) very interesting.

その映画はとてもおもしろかった。

➡ STEP 25

❻ (　　　　) you busy yesterday? — Yes, I (　　　　).

あなたはきのういそがしかったですか。— はい、いそがしかったです。

➡ STEP 26

❼ He (　　　　) (　　　　) me.

彼は私を助けてくれるでしょう。

➡ STEP 27

❽ It (　　　　) (　　　　) (　　　　) tomorrow.

あすは雨はふらないでしょう。

➡ STEP 28

❾ (　　　　) you (　　　　) free next Sunday? — Yes, I (　　　　).

あなたは次の日曜日はあいていますか。— はい、あいています。

➡ STEP 29

❿ (　　　　) (　　　　) (　　　　) the window? — Sure.

窓を開けてくれませんか。— いいですよ。

➡ STEP 30

2 日本語の意味に合うように、（　　　　）の中に適切な１語を入れなさい。(各5点)

❶ They (　　　　) (　　　　) baseball on the playground.
彼らは運動場で野球をしている。
➡ STEP 31

❷ (　　　　) he (　　　　) TV now? — Yes, he (　　　　).
彼はいまテレビを見ているのですか。— はい、見ています。
➡ STEP 32

❸ I'm (　　　　) for New York tomorrow.
私はあすニューヨークへ出発します。
➡ STEP 33

❹ He (　　　　) always (　　　　) games.
彼はいつもゲームをしてばかりいます。
➡ STEP 34

❺ She (　　　　) (　　　　) the piano very well.
彼女はとてもじょうずにピアノをひくことができる。
➡ STEP 35

❻ I (　　　　) (　　　　) my homework.
私は宿題をおえなければならない。
➡ STEP 36

❼ You (　　　　) (　　　　) (　　　　) there alone.
あなたはひとりでそこへ行ってはいけない。
➡ STEP 37

❽ (　　　　) (　　　　) (　　　　) the piano? — Yes, she (　　　　).
彼女はピアノをひくことができますか。— はい、できます。
➡ STEP 38

❾ (　　　　) (　　　　) open the window? — Yes, please.
窓を開けましょうか。— はい、おねがいします。
➡ STEP 39

❿ (　　　　) (　　　　) tell me the way to the post office?
郵便局へ行く道を教えてくださいませんか。
➡ STEP 40

1 次の英文の（　　　）の中の動詞を適切な形に変えなさい。(各5点)

❶ I (see) the movie last Saturday.
私はこの前の土曜日にその映画を見ました。

❷ The car (stop) at the traffic light.
その車は交通信号でとまった。

❸ He always (try) his best.
彼はいつもベストを尽くしました。

❹ My mother was (sit) on the sofa.
母はソファーにすわっていました。

❺ They are (come) here soon.
彼らはまもなくここに来るでしょう。

❻ He is always (ask) questions.
彼はいつも質問をしてばかりいる。

2 次の英文の（　　　）の中に Will, May, Shall のどれかを入れなさい。(各5点)

❶ (　　　　) I open the windows?
窓を開けてもいいですか。

❷ (　　　　) I cook lunch?
私がお昼ごはんをつくりましょうか。

❸ (　　　　) it be sunny tomorrow?
あすは晴れるでしょうか。

❹ (　　　　) you come with me?
私といっしょに来てくれませんか。

3 次の英文を（　　　）内の指示にしたがって書きかえなさい。(各5点)

❶ She bought the bag.　(否定文に)

_____

❷ He was studying hard.　(否定文に)

_____

❸ She went to the museum.　(疑問文に)

_____

❹ He can drive a car.　(疑問文に)

_____

❺ They played tennis yesterday.　(yesterday を tomorrow に変えて)

_____

4 次の英文を日本語になおしなさい。(各5点)

❶ It may snow tonight.
〔　　　　　　　　　　　　　　　　　　　　〕
_____

❷ He must be very rich.
〔　　　　　　　　　　　　　　　　　　　　〕
_____

❸ You should take a taxi.
〔　　　　　　　　　　　　　　　　　　　　〕
_____

❹ You can use my bike.
〔　　　　　　　　　　　　　　　　　　　　〕
_____

❺ You must study English hard.
〔　　　　　　　　　　　　　　　　　　　　〕
_____

1 次の英文の（　　　　）に最も適するものをア〜エから１つ選びなさい。（各5点）

❶ Did she (　　　　) the game?
ア　win　　イ　wins　　ウ　won　　エ　winning

❷ Was she (　　　　) the party?
ア　enjoy　　イ　enjoys　　ウ　enjoyed　　エ　enjoying

❸ Will you (　　　　) next Saturday?
ア　busy　　イ　be busy　　ウ　is busy　　エ　are busy

❹ This is a very good book. You (　　　) read it.
ア　can　　イ　may　　ウ　will　　エ　should

❺ (　　　　) I use this computer? — Sure.
ア　Do　　イ　Will　　ウ　Can　　エ　Shall

❻ Must I return the book? — No, you (　　　　).
ア　don't　　イ　must not　　ウ　may not　　エ　don't have to

2 次の英文には文法上の誤りがある。それを正しくなおした文を書きなさい。ただし、下線部の語はそのまま使いなさい。（各5点）

❶ She <u>cannot</u> plays the piano well.

❷ He <u>is</u> come back this weekend.

❸ She <u>must</u> very angry with me.

❹ We are <u>going</u> visit Okinawa next week.

3 日本文に合うように （　　　） 内の語を並べかえて英文を完成させなさい。(各5点)

❶ 彼女はそのパーティーには来ないだろう。
She (to / party / come / the / won't).

❷ お塩をとってくれませんか。── はい、どうぞ。
(salt / pass / will / the / you), please? ── Here you are.

❸ そのとき私たちはロンドンに滞在していました。
(staying / we / London / were / in) at the time.

❹ 私の母はいつも何かを失くしてばかりいます。
(always / mother / losing / my / is) something.

❺ 昼食を食べに出かけませんか。── ええ、そうしましょう。
(go / we / for / shall / out) lunch? ── Yes, let's.

❻ 私のために1曲歌っていただけませんか。── いいですよ。
(sing / would / song / a / you) for me? ── OK.

4 次の日本文を （　　　） 内の語を使って英語になおしなさい。なお、必要があれば
（　　　） 内の語は適切な形に変えて使いなさい。(各5点)

❶ 彼女は来週 13 歳になります。（ will, next ）

❷ 母がこのドレスを私につくってくれました。（ make, for ）

❸ いくつか質問をしてもいいですか。（ I, some ）

❹ ここで野球をしてはいけません。（ must, here ）

動詞にかんする表現（特に時間の表し方）を、一般動詞とbe動詞のちがいに注意しながら整理・確認しておきましょう。

●過去の文

一般動詞の過去の文	be動詞の過去の文
He **helped** her. 彼は彼女を助けた。	He **was** kind. 彼は親切だった。
He **didn't help** her. 彼は彼女を助けなかった。〈否定文〉	He **was not** kind. 彼は親切ではなかった。〈否定文〉
Did he **help** her? 彼は彼女を助けましたか。〈疑問文〉	**Was** he kind? 彼は親切でしたか。〈疑問文〉

●未来の文

一般動詞の未来の文	be動詞の未来の文
He **will come** tomorrow. 彼はあす来るだろう。	He **will be** late. 彼はおくれるでしょう。
He **will not come** tomorrow. 彼はあす来ないだろう。〈否定文〉	He **will not be** late. 彼はおくれないだろう。〈否定文〉
Will he **come** tomorrow? 彼はあす来るだろうか。〈疑問文〉	**Will** he **be** late? 彼はおくれるだろうか。〈疑問文〉

▶ will は助動詞の１つで、あとにくる動詞は原形になります。will not の短縮形は won't です。

●進行形の文

be ～ing	～している（現在）、～していた（過去）〈進行中の動作を表す〉
	They **are playing** tennis. ／ They **were playing** tennis. 彼らはテニスをしている。　　　　彼らはテニスをしていた。

▶ know（知っている）、like（好きだ）などの"状態"を表す動詞はふつう進行形にしません。

●基本的な助動詞

助動詞は、動詞（原形）の前におかれ、動詞にさまざまな意味をつけ加えます。

can	可能・能力（～できる）、許可（～してもよい）
	She **can** play the violin. 彼女はバイオリンをひくことができる。
must	義務・必要（～しなければならない）、推量（～にちがいない）
	I **must** finish my homework. 私は宿題をすませなければならない。

▶このほかに、"許可"や"推量"の意味を表すmay（～してもよい、～かもしれない）や、"義務・適当"の意味を表すshould（～すべきだ、～したほうがよい）などがあります。

3 名詞と代名詞

例題 次の英文の（　　　）の中から適切なものを選びなさい。

① I had some (cookie / cookies) and some (milk / milks).

私はいくつかのクッキーと（いくらかの）牛乳をいただきました。

② Is this your notebook? — Yes, it is (my / mine).

これはあなたのノートですか。— はい、（それは）私のです。

日本語では「1冊の本」というときも「2冊の本」というときも、
「本」という語は同じですが、英語ではそういうわけにはいきません。
book（本）という語も、複数になると books と変化させる必要があります。
英語では名詞を使うとき、つねに"単数か複数か"を区別するのです。

例題①は、名詞の単数形か複数形かを選ぶ問題です。
ここは「いくつかの（some）クッキー」なので、
「クッキー（cookie）」は複数形にする必要があります。
複数形は、ふつう語尾に -s をつけるので、cookies となります。
複数形のつくり方については、巻末の付録（p.134）を参照してください。

では、「いくらかの（some）牛乳」はどうでしょうか。
ここで重要なのが、「数えられる名詞」と「数えられない名詞」の区別です。
液体のように、数えられないものを表す名詞は、そもそも複数になりません。
したがって、「いくらかの牛乳」の「牛乳（milk）」はそのままです。

例題②は、代名詞の使い方にかんする問題です。
所有格の代名詞 my は「私の」という意味を表すので、
「〜は私のです」というときは my でいいと思うかもしれません。
しかし、所有格は"名詞の前"において使うという決まりがあります。
ですから、ここは〈my ＋名詞〉の意味を表す mine（私のもの）にします。
ここでは mine は my notebook の意味になります。

解答　① I had some cookies and some milk.

② Is this your notebook? — Yes, it is mine.

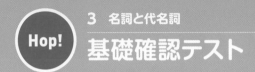
1 日本語の意味に合うように、（　　　）の中に適切な1語を入れなさい。(各5点)

❶ I have three (　　　　).

私には兄弟が3人いる。

➡ STEP 41

❷ Do you know the (　　　　)?

あなたはその女の人たちを知っていますか。

➡ STEP 42

❸ I want some (　　　　).

私は (いくらかの) 水がほしい。

➡ STEP 43

❹ He drank two (　　　　) of (　　　　).

彼は牛乳を (コップに) 2杯飲んだ。

➡ STEP 44

❺ (　　　　) is my dog.

あれは私の犬です。

➡ STEP 45

❻ Hello, (　　　　) is Kate.

もしもし、こちらはケイトです。〈電話で〉

➡ STEP 46

❼ (　　　　) (　　　　) bag is red.

私の妹のバッグは赤です。

➡ STEP 47

❽ They washed (　　　　) hands.

彼らは手を洗った。

➡ STEP 48

❾ Whose dictionary is this? — It's (　　　　).

これはだれの辞典ですか。── 私の (辞典) です。

➡ STEP 49

❿ I introduced (　　　　) to the audience.

私は観客に私自身を紹介した (＝自己紹介をした)。

➡ STEP 50

2 日本語の意味に合うように、（　　　）の中に適切な1語を入れなさい。(各5点)

❶ I know (　　　　) (　　　　) those boys.

私はあの少年たちの（うちの）何人かを知っています。　　　　➡ STEP 51

❷ Did you read (　　　　) (　　　　) these books?

あなたはこれらの本の何冊か（＝どれか）を読みましたか。　　　　➡ STEP 52

❸ (　　　　) (　　　　) us are very tired.

私たちの全員が（＝私たちはみんな）とてもつかれています。　　　　➡ STEP 53

❹ (　　　　) (　　　　) his parents are teachers.

彼の両親は2人とも先生です。　　　　➡ STEP 53

❺ Do you have a camera? — Yes, I have (　　　　).

あなたはカメラをもっていますか。 — はい、1台もっています。　　　　➡ STEP 54

❻ This shirt is too small. Show me (　　　　).

このシャツは小さすぎます。別のを見せてください。　　　　➡ STEP 54

❼ I have two bikes. One is old, and (　　　　) (　　　　) is new.

私は自転車を2台もっている。1台は古くて、もう1台は新しい。　　　　➡ STEP 54

❽ What time is (　　　　)? — (　　　　)'s six thirty.

（いま）何時ですか。 — 6時30分です。　　　　➡ STEP 55

❾ (　　　　) get a lot of snow in winter.

私たちの地方では冬は雪がたくさんふります。　　　　➡ STEP 56

❿ You must help (　　　　) (　　　　).

あなたたちはおたがいに助け合わなければならない。　　　　➡ STEP 56

23

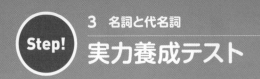
1 次の英文の（　　　）の中の名詞を<u>必要があれば適切な形に変えなさい</u>。（各5点）

❶ She has a lot of (dress).

彼女はたくさんのドレスをもっています。

❷ The (child) are enjoying the party.

子どもたちはパーティーを楽しんでいます。

❸ I brush my (tooth) before breakfast.

私は朝食の前に歯をみがきます。

❹ We have to carry these (box) upstairs.

私たちはこれらの箱を2階へ運ばなくてはならない。

❺ (Sheep) are very gentle animals.

ヒツジはとてもおとなしい動物です。

❻ We visited some old (city) in Europe.

私たちはヨーロッパでいくつかの古い都市を訪れました。

2 （　　　）の中に必要なら a か an を入れ、必要ない場合は×を書きなさい。（各5点）

❶ She loves (　　　) art and (　　　) poetry.

彼女は美術と詩が大好きです。

❷ He joined (　　　) baseball team in (　　　) New York.

彼はニューヨークの野球チームに入りました。

❸ He ordered (　　　) cup of (　　　) coffee.

彼はコーヒーを1杯注文しました。

❹ We had (　　　) lunch at (　　　) Italian restaurant.

私たちはイタリア料理のレストランで昼食をとりました。

3 次の英文の（　　　）に最も適するものを下から選んで入れなさい。（各5点）

❶ （　　　　） will be sunny this weekend.

❷ Oh, this cookie is delicious! Give me (　　　　), please.

❸ Shall we play tennis? — (　　　)'s a good idea.

❹ They are good friends and respect each (　　　　).

❺ （　　　） sell food and drinks on the train.

❻ He has two cars. (　　　) is blue and (　　　) is red.

---

this,	that,	it,	they,	you,	one,
other,	another,	the other,	others		

---

4 次の英文の日本語訳を完成させなさい。（各5点）

❶ He didn't answer any of my questions.
彼は私の質問に〔　　　　　　　〕答えなかった。

❷ Both of her parents are doctors.
彼女の両親は〔　　　　　　〕医者です。

❸ This is my cup and that is yours.
これが私のカップで、あれが〔　　　　　　　　〕です。

❹ You must do your homework yourself.
あなたは〔　　　　　　　　〕宿題をやらなくてはいけません。

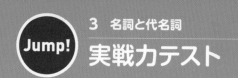
1 次の英文の（　　）に最も適するものをア〜エから１つ選びなさい。(各5点)

❶ I ate (　　　) of bread this morning.
　ア one　イ some　ウ a slice　エ a sheet

❷ Do you know (　　　) in this room?
　ア some　イ one　ウ every　エ anyone

❸ My computer is old. I'm going to buy a new (　　　).
　ア that　イ it　ウ one　エ other

❹ I don't like this watch. Show me (　　　).
　ア other　イ another　ウ one　エ the one

❺ (　　　) of us has a smartphone.
　ア Some　イ All　ウ Both　エ Each

❻ (　　　) is ten kilometers from here to the airport.
　ア It　イ All　ウ That　エ This

2 次の英文には文法上の誤りがある。それを正しくなおした文を書きなさい。(各5点)

❶ Is this your pencil? — Yes, it's my.

❷ I introduced me to the students.

❸ He is famous here. Everyone know his name.

❹ I lost my umbrella. I have to buy it.

26

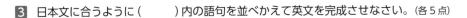
3 日本文に合うように（　　　）内の語句を並べかえて英文を完成させなさい。(各5点)

❶ 彼らはみんな自分自身の夢をもっています。
(of / have / their / them / all) own dreams.

❷ これらは私の兄の本で、私のものではありません。
(are / books / brother's / these / my), not mine.

❸ ハワイではいま朝の6時です。
(the morning / is / in / it / six) in Hawaii.

❹ 私はきょうコーヒーを4杯飲んだ。
I (coffee / of / four / had / cups) today.

❺ このシャツは私には似合いません。私はあの青いのを買います。
This shirt doesn't suit me. (blue / take / one / I'll / that).

❻ ジョンと私はおたがいをよく知っています。
John and (each / well / I / other / know).

4 次の日本文を（　　　）内の語句を使って英語になおしなさい。なお、必要があれば
（　　　）内の語句は適切な形に変えて使いなさい。(各5点)

❶ きょうは5つ授業があります。(we, class)

❷ この部屋からは海を見ることができます。(you, the ocean)

❸ 私たちは2人ともそのコンサートに行きました。(us, concert)

❹ 私はそれらの絵のどれも好きではありません。(those, picture)

整理ノート❸

ここでは、使い分けが重要な代名詞や、使い方をまちがいやすい名詞・代名詞にしぼって整理・確認しておきましょう。

● it と one

it	前に出てきたもの（＝特定のもの）をさす。「それ」の意味。
	He has a car. **It** is blue. 彼は車をもっている。それは青い。〈It = his car〉
one	前に出てきたものと同種のもの（＝不特定のもの）をさす。
	He has a car. I want **one**, too. 彼は車をもっている。私も車がほしい。〈one = a car〉
	This car is old. I want a new **one**. この車は古い。私は新しいのがほしい。〈a new one = a new car〉

▶ oneは名詞の代わりになるため、複数形 (ones) にもなり、theやthis, thatがつくこともあります。

● another と the other

another	もう1つのもの〔人〕、別のもの〔人〕（＝不特定の別のもの）
	I don't like this shirt. Please show me **another**. このシャツは好みじゃありません。別の（シャツ）を見せてください。
the other	もう一方のもの〔人〕（＝特定の別のもの）
	He has two cars. One is blue, and **the other** is white. 彼は車を2台もっている。1台は青で、もう1台は白です。

●所有代名詞と再帰代名詞

所有代名詞	〈人称代名詞の所有格＋前に出てきた名詞〉のはたらきをする代名詞。
	Is this your car? — Yes, it's **mine**. これはあなたの車ですか。 — はい、それは私のです。〈mine = my car〉
再帰代名詞	動詞や前置詞の目的語が主語自身のときに使う、語尾が -self, -selves の代名詞。
	I introduced **myself** to the audience. 私は観客に私自身を紹介した（＝自己紹介した）。

▶ 再帰代名詞は、ほかに主語を強調するときなどにも使われます。

●2つの数えられない名詞

*ほかに、固有名詞も数えられない名詞です。

物質名詞	気体、液体、固体などの物質を表す名詞。a や an はつかない。
	I want some **water**. / I want a piece of **paper**. （いくらかの）水がほしい。／（1枚）紙がほしい。〈paper には a はつけない〉
抽象名詞	性質や状態など具体的な形のないものを表す名詞。a や an はつかない。
	We love **peace**. / That is good **news**. 私たちは平和を愛する。／ それはいいニュースです。

STEP **57** ～ STEP **70**

> **例題** 日本語の意味に合うように、（　　　　）の中から適切なものを選びなさい。

① (Water / A water / The water) in this lake is very clean.
この湖の水はとてもきれいです。

② I have (few / a few / little / a little) good friends in Korea.
私には韓国に仲のよい友人が少しいます。

前の章で「数えられる名詞」「数えられない名詞」について見ましたが、
その区別は、冠詞や、数・量を表す形容詞を使うときにも重要です。
たとえば、数えられない名詞には冠詞の a はつきませんし、
「多い」「少ない」を意味する形容詞は、どちらの名詞に使うかでちがってきます。

例題①は、冠詞の使い方にかんする問題です。
まず使われている名詞を見ると、water（水）です。
water は数えられない名詞なので、a がつくことはありません。
あとは、the がつくかどうかです。

the がつくかどうかは、名詞が"特定"されているかどうかで決まります。
特定されている場合には、その名詞の前に the がつきます。
ここでは、「この湖の」によって特定されているので、the がつきます。

例題②は、「少し」を表す形容詞の使い方にかんする問題です。
同じ「少し」でも、数えられる名詞に対しては a few や few を使い、
数えられない名詞に対しては a little や little を使います。
friend（友人）は、数えられる名詞なので、a few か few のどちらかです。

a few と few のちがいは、肯定的か否定的かのちがいです。
a few だと「少しはある」で、few だと「少ししかない」という意味になります。
この文では「（友人が）少しいる」（肯定的）なので、a のつく形にします。

> **解答** ① The water in this lake is very clean.
> ② I have a few good friends in Korea.

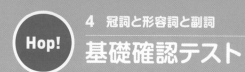

1 日本語の意味に合うように、（　　　）の中に適切な1語を入れなさい。何も入らないときは×を書きなさい。(各5点)

❶ He bought (　　　) ring for me. This is (　　　) ring.
彼は私に (1つの) 指輪を買ってくれました。これがその指輪です。
➡ STEP 57

❷ I saw (　　　) boys at the station.
私はその少年たちを駅で見た。
➡ STEP 58

❸ He studies three hours (　　　) day.
彼は1日に3時間勉強します。
➡ STEP 59

❹ (　　　) moon is shining above us.
私たちの上で月が輝いている。
➡ STEP 60

❺ Will you pass (　　　) salt?
お塩をとってくれませんか。
➡ STEP 60

❻ She plays (　　　) piano very well.
彼女はとてもじょうずにピアノをひく。
➡ STEP 61

❼ He stayed in Paris for (　　　) long time.
彼は長いあいだパリに滞在した。
➡ STEP 61

❽ We played (　　　) soccer yesterday.
私たちはきのうサッカーをした。
➡ STEP 62

❾ He doesn't read (　　　) books.
彼はたくさんの本を読まない (=あまり本を読まない)。
➡ STEP 63

❿ We use a (　　　) (　　　) water every day.
私たちは毎日たくさんの水を使用する。
➡ STEP 63

2 日本語の意味に合うように、（　　　）の中に適切な1語を入れなさい。(各5点)

❶ May I ask a (　　　　) questions?

少し質問してもいいですか。　　　　　　　　　　　　　➡ STEP 64

❷ She drank a (　　　　) water.

彼女は少し水を飲んだ。　　　　　　　　　　　　　　➡ STEP 64

❸ We have (　　　　) information about him.

私たちには彼に関する情報がほとんどない。　　　　　　➡ STEP 64

❹ I have (　　　　) questions.

私にはいくつかの質問があります。　　　　　　　　　　➡ STEP 65

❺ Do you have (　　　　) brothers or sisters?

あなたには兄弟や姉妹がいますか。　　　　　　　　　　➡ STEP 66

❻ She (　　　　) visited her uncle.

彼女はしばしばおじさんを訪ねた。　　　　　　　　　　➡ STEP 67

❼ I like this book (　　　　) (　　　　).

私はこの本がとても好きです。　　　　　　　　　　　　➡ STEP 68

❽ (　　　　) Tom passed the exam.

トムだけが試験に合格した。　　　　　　　　　　　　　➡ STEP 68

❾ I'm hungry. — I'm hungry, (　　　　).

私はおなかがすいています。── 私もです。　　　　　　➡ STEP 69

❿ I don't like cats. — I don't like cats, (　　　　).

私はネコが好きではありません。── 私もネコが好きではありません。　➡ STEP 69

31

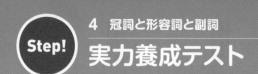

Step! 実力養成テスト

別冊 解答と解説 14〜15ページ

1 次の英文の（　　　）の中に a, an または the を入れなさい。(各5点)

❶ Do you have (　　　) bike?
あなたは自転車をもっていますか。

❷ (　　　) earth goes around (　　　) sun.
地球は太陽のまわりをまわっています。

❸ (　　　) band practiced three times (　　　) week.
そのバンドは週に3回練習をしました。

❹ Will you have (　　　) cup of coffee? — Yes, please.
コーヒーを1杯いかがですか。— はい、おねがいします。

❺ Will you close (　　　) door? — OK.
ドアを閉めてくれませんか。— わかりました。

2 （　　　）の中の単語を適切な場所におぎなって英文を完成させなさい。(各5点)

❶ They played the game. (together)
彼らはいっしょにそのゲームをした。

❷ My father is busy. (always)
私の父はいつもいそがしい。

❸ These shoes are big for me. (too)
この靴は私には大きすぎます。

❹ I like dogs, but I like cats. (too)
私は犬が好きだが、ネコも好きだ。

❺ He comes to our house. (often)
彼はよく私たちの家に来ます。

3 次の英文の（　　　　）の中から適切なものを選びなさい。(各5点)

❶ He made (a lot / a lot of) good movies.
彼は多くのよい映画をつくりました。

❷ I don't have (many / much) interest in music.
私は音楽にはあまり興味をもっていません。

❸ I want (some / any) orange juice.
私はオレンジジュースがほしいです。

❹ He doesn't have (some / any) brothers or sisters.
彼には兄弟も姉妹もいません。

❺ I have (few / a few) books about the country.
私はその国にかんする本を少し（＝数冊）もっています。

❻ I had (little / a little) money at the time.
私はそのときお金をほとんどもっていませんでした。

❼ He didn't know the man, and I didn't (too / either).
彼はその男の人を知らなかったし、私も知らなかった。

4 2つの文がほぼ同じ意味を表すように（　　　　）に適切な1語を入れなさい。(各5点)

❶ My brother is a fast runner.
My brother (　　　　) (　　　　).

❷ She plays tennis well.
She is a (　　　　) (　　　　) (　　　　).

❸ The student gave a quick answer.
The student (　　　　) (　　　　).

33

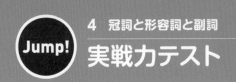
1 次の英文の（　　　　）に最も適するものをア〜エから１つ選びなさい。(各5点)

❶ She didn't eat (　　　　) food at all.
　ア　some　　イ　any　　ウ　little　　エ　a little

❷ He ate too (　　　) ice cream and got sick.
　ア　much　　イ　many　　ウ　some　　エ　any

❸ She usually goes to (　　　) at ten.
　ア　a bed　　イ　the bed　　ウ　bed　　エ　beds

❹ I didn't go to the party yesterday. — I didn't, (　　　　).
　ア　also　　イ　then　　ウ　too　　エ　either

❺ We had a piece of cake and (　　　) coffee after lunch.
　ア　some　　イ　any　　ウ　a lot　　エ　a cup

❻ The museum is very interesting, but (　　　) people visit it.
　ア　little　　イ　a little　　ウ　few　　エ　a few

2 次の英文には文法上の誤りがある。それを正しくなおした文を書きなさい。(各5点)

❶ She saved a few money every month.

❷ We traveled around Hokkaido by a car.

❸ This room is enough large for me.

❹ All of us very enjoyed the school festival.

3 日本文に合うように（　　　）内の語を並べかえて英文を完成させなさい。(各5点)

❶ 彼女はときどき学校に遅刻します。

She (late / sometimes / is / school / for).

❷ 私は旅行中にたくさん写真を撮りました。

I (a / pictures / of / lot / took) during the trip.

❸ 次の日曜日に何か予定がありますか。

Do you (plans / any / next / for / have) Sunday?

❹ 彼女はテニスがとてもじょうずです。

She is (tennis / very / a / player / good).

❺ 彼は1日に4、5杯コーヒーを飲みます。

He drinks four or five (a / coffee / of / day / cups).

❻ 小さな子どもでもこんなことは理解できます。

(child / even / can / small / a) understand this.

4 次の日本文を（　　　）内の語を使って英語になおしなさい。(各5点)

❶ 窓を開けてもいいですか。（ windows ）

_____

❷ 彼は電車で学校に通っています。（ school, train ）

_____

❸ 私たちはそのパーティーで楽しくすごしました。（ good, at ）

_____

❹ 彼はよくギターをひきます。（ guitar ）

_____

使い方で迷うことの多い冠詞のaとtheや、形容詞のsomeとany など、特に注意が必要なものについて整理しておきましょう。

●「特定」を表す the

名詞に冠詞の the がつくのは、何かによってその名詞が"特定"されているからです。

話の流れ	He bought a ring for me. This is **the** ring. 彼は私に指輪を買ってくれました。これがその指輪です。〈文脈から特定される〉
状　況	Will you close **the** door? （その）ドアを閉めてくれませんか。〈状況から特定される〉
修　飾	**The** color of my bag is white. 私のバッグの色は白です。〈of my bag によって特定される〉
必　然	**The** moon goes around **the** earth. 月は地球のまわりをまわっている。〈月も地球も1つしかないため特定される〉

●「不特定」を表す a と some と any

a	"不特定"で"単数"のものや人に対して使う。
	I have **a** question. （1つ）質問があります。〈質問が1つのとき〉
some	"不特定"で"複数"のものや人に対して使う。
	I have **some** questions. （いくつかの）質問があります。〈質問が複数のとき〉
any	"不特定"で"数が不明"のものや人に対して使う。
	Do you have **any** questions? （いくつかの）質問はありますか。〈単数も複数もありうる〉
	I don't have **any** questions. 質問は（1つも）ありません。〈1つもない〉

▶なお、someとanyは数えられない名詞に対しても「いくらかの」の意味で使います。

●「少し」を表す形容詞

数	肯定的	He has **a few** good friends. 彼には少数の仲のいい友人がいる。〈a few：少数の、少しはある〉
	否定的	He has **few** good friends. 彼には仲のいい友人がほとんどいない。〈few：少数しかない、ほとんどない〉
量	肯定的	I have **a little** free time. 私には自由な時間が少しある。〈a little：少量の、少しはある〉
	否定的	I have **little** free time. 私には自由な時間がほとんどない。〈little：少量しかない、ほとんどない〉

▶「多い」は、many（数の場合）、much（量の場合）、a lot of（数・量どちらでも）などで表します。

5 さまざまな文

> **例題** 日本文に合うように（　　　）内の語を並べかえて英文を完成させなさい。
>
> ① (last / what / you / did / study) night?
>   あなたはきのうの夜、何を勉強しましたか。
>
> ② (is / big / a / there / pool) at my school.
>   私の学校には大きなプールがあります。

第1章で、文の基本形は〈主語＋動詞〉ではじまると習いましたが、

そのルールからはずれるものもあります。疑問文もその1つですが、

ほかにも〈主語＋動詞〉ではじまらない文があります。

例題①は、「疑問詞を使った疑問文」です。

疑問詞を使った疑問文は、つねに疑問詞からはじまります。

この文では、「何を」（＝目的語）を意味する what が文の先頭にきます。

そして、疑問詞のあとには "ふつうの疑問文の形" がつづきます。

この文では、**did you study**（あなたは勉強しましたか）という形です。

なお、「疑問詞を使った疑問文」の中にも、

ふつうの文と同じように、〈主語＋動詞〉ではじまるものがあります。

それは、疑問詞自体が文の主語になる場合です。

たとえば、Who lives here?（だれがここに住んでいますか）という文。

この文では、疑問詞の Who が主語の役割をしています。

例題②は、「存在（ある・いる）を表す文」です。

日本文を見ると、主語は「大きなプール（a big pool）」です。

このように、はじめて話題にするもの（＝不特定のもの）について、

単に「〜がある」というときは、〈主語＋動詞〉の形の文ではなく、

There is [are] で文をはじめて、そのあとに主語をおくのがふつうです。

これは決まった言い方としておぼえておきましょう。

解答 ① What did you study last night?
　　　　② There is a big pool at my school.

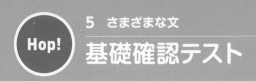

1 日本語の意味に合うように、(　　　) の中に適切な 1 語を入れなさい。(各 5 点)

❶ (　　　) (　　　) you want? — I want a guitar.
あなたは何がほしいのですか。— 私はギターがほしいです。
→ STEP 71

❷ (　　　) (　　　) that girl? — She is my cousin.
あの女の子はだれですか。— 私のいとこです。
→ STEP 71

❸ (　　　) (　　　) (　　　) you read? — I read this one.
あなたはどの本を読みましたか。— 私はこの本を読みました。
→ STEP 72

❹ (　　　) (　　　) (　　　) this? — It's mine.
これはだれの傘ですか。— 私のです。
→ STEP 72

❺ (　　　) (　　　) you study? — I study at night.
あなたはいつ勉強しますか。— 私は夜に勉強します。
→ STEP 73

❻ (　　　) (　　　) he so sad? — Because his dog died.
彼はなぜそんなに悲しいのですか。— 彼の犬が死んだからです。
→ STEP 73

❼ (　　　) (　　　) you go to Sapporo? — By plane.
あなたはどうやって札幌へ行ったのですか。— 飛行機で (行きました)。
→ STEP 74

❽ (　　　) (　　　) is she? — She's fifteen years old.
彼女は何歳ですか。— 15 歳です。
→ STEP 75

❾ (　　　) (　　　) (　　　) does he have? — He has two.
彼には兄弟が何人いますか。— 2 人います。
→ STEP 76

❿ (　　　) (　　　) in that house? — Mr. Jones (　　　).
あの家にはだれが住んでいますか。— ジョーンズさんが住んでいます。
→ STEP 77

2 日本語の意味に合うように、（　　　　）の中に適切な1語を入れなさい。(各5点)

❶ Is he a singer (　　　　) an actor? — He's a singer.

彼は歌手ですか、それとも俳優ですか。── 彼は歌手です。

➡ STEP 78

❷ (　　　　) do you want, tea (　　　　) coffee? — Tea, please.

紅茶とコーヒーでは、どちらがほしいですか。── 紅茶をおねがいします。

➡ STEP 78

❸ She (　　　　) (　　　　) coffee.

彼女はけっしてコーヒーを飲まない。

➡ STEP 79

❹ I have (　　　　) (　　　　) now.

私はいまぜんぜんお金をもっていない。

➡ STEP 80

❺ Your bag (　　　　) (　　　　) the table.

あなたのバッグはテーブルの上にある。

➡ STEP 81

❻ (　　　　) (　　　　) twenty girls in my class.

私のクラスには女子が20人いる。

➡ STEP 82

❼ (　　　　) (　　　　) the windows.

窓を開けてください。

➡ STEP 83

❽ (　　　　) (　　　　) to the park.

公園へ行きましょう。

➡ STEP 84

❾ (　　　　) (　　　　) kind girl she (　　　　)!

彼女は何て親切な女の子でしょう。

➡ STEP 85

❿ (　　　　) (　　　　) this song (　　　　)!

この歌は何てすてきなのでしょう。

➡ STEP 86

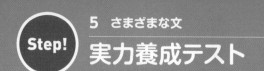
1 次の英文の（　　）に最も適するものを下から選んで入れなさい。(各5点)

❶ （　　　　）are you going? — I'm going to the post office.

❷ （　　　　）did you come here? — By bus.

❸ （　　　　）did you eat for lunch? — I ate pizza.

❹ （　　　　）do you want, a dog or a cat? — A dog.

❺ （　　　　）made this cake? — My mother did.

❻ （　　　　）are you so late? — Because I took the wrong train.

What,	Who,	Which,	When,
Where,	Why,	How	

2 次の英文の日本語訳を完成させなさい。(各5点)

❶ We were in Osaka last weekend.
　私たちはこの前の週末は〔　　　　　　　　　　〕。

❷ Please be quiet in the library.
　図書館の中では〔　　　　　　　　　　〕。

❸ Rich people are not always happy.
　お金持ちの人びとが〔　　　　　　　　　　　　〕。

❹ She said nothing about the accident.
　彼女はその事故については〔　　　　　　　　　〕。

40

  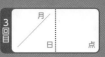
3 次の英文の下線部をたずねる疑問文を書きなさい。(各5点)

❶ That elephant is three years old.

_____

❷ This bag is five thousand yen.

_____

❸ That is my uncle's car.

_____

❹ The building is about 200 meters high.

_____

❺ She goes to the gym twice a week.

_____

4 2つの文がほぼ同じ意味を表すように ( ) に適切な1語を入れなさい。(各5点)

❶ Shall we go out for lunch?
( ) ( ) out for lunch.

_____

❷ You must not play baseball here.
( ) ( ) baseball here.

_____

❸ He doesn't have any interest in art.
He ( ) ( ) interest in art.

_____

❹ We have two libraries in our town.
( ) ( ) two libraries in our town.

_____

❺ How cute her smile is!
( ) ( ) ( ) ( ) she has!

_____

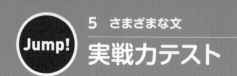

1　次の英文の（　　）に最も適するものをア～エから1つ選びなさい。(各5点)

❶ What's the (　　　) today? — It's December 12.
　ア　day　イ　month　ウ　date　エ　time

❷ How (　　　) money do you need?
　ア　many　イ　much　ウ　high　エ　long

❸ Is she a teacher (　　　) a student? — She's a teacher.
　ア　and　イ　but　ウ　or　エ　for

❹ (　　　) hat do you want? — I want that one.
　ア　Who　イ　Whose　ウ　Which　エ　Where

❺ Why do you get up so early? — (　　　) I jog every morning.
　ア　To　イ　From　ウ　How　エ　Because

❻ (　　　) watch TV too much.
　ア　Don't　イ　Let's　ウ　Be　エ　Please

2　次の英文には文法上の誤りがある。それを正しくなおした文を書きなさい。(各5点)

❶ What you are going to do next?

❷ He never give up his dream.

❸ There is a lot of people in this park.

❹ What exciting movie it was!

3 日本文に合うように（　　　　）内の語を並べかえて英文を完成させなさい。（各5点）

❶ あなたはいつ日本に来たのですか。
(you / did / to / when / come) Japan?

❷ ここから駅までどのくらいありますか。
(it / from / far / is / how) here to the station?

❸ あなたは1か月に何冊本を読みますか。
(books / how / do / many / you) read in a month?

❹ あなたのご両親は何てすてきなのでしょう。
(nice / parents / are / how / your)!

❺ 昼食のあとで散歩に出かけましょう。
(a / let's / for / walk / go) after lunch.

❻ 私たちはいつもおたがいに意見が一致するとはかぎりません。
(always / with / don't / we / agree) each other.

4 次の日本文を（　　　）内の語を使って英語になおしなさい。なお、必要があれば
（　　　）内の語は適切な形に変えて使いなさい。（各5点）

❶ きょうは何曜日ですか。（ it ）

❷ この美しい絵を描いたのはだれですか。（ paint ）

❸ 冷蔵庫には牛乳はまったくありません。（ there, fridge ）

❹ あの家にはだれも住んでいません。（ live ）

43

整理ノート❺

英語の文はふつう〈主語＋動詞〉ではじまりますが、ここでは、それからはずれる文を中心に整理と確認をしておきましょう。

●疑問文の形

一般動詞の疑問文	be 動詞の疑問文
〈Do ＋主語＋動詞の原形…?〉	〈Be 動詞＋主語…?〉
Do you live here? あなたはここに住んでいるのですか。	**Is that** a dolphin? あれはイルカですか。
〈疑問詞＋ do ＋主語＋動詞の原形…?〉	〈疑問詞＋ be 動詞＋主語…?〉
Where do you live? あなたはどこに住んでいるのですか。	**What is that**? あれは何ですか。
〈疑問詞＋動詞…?〉（疑問詞が主語のとき）	〈疑問詞＋ be 動詞…?〉（疑問詞が主語のとき）
Who lives in this house? この家にはだれが住んでいるのですか。	**What is** in the box? その箱には何が入っていますか。

●命令文の形

〈動詞の原形….〉〜しなさい、〜して	〈Be 〜.〉〜でいなさい
Sit down, please. すわってください。	**Be** quiet. 静かにして。
〈Don't ＋動詞の原形….〉〜しないで	〈Don't be 〜 .〉〜ではいけない
Don't run here. ここでは走らないで。	**Don't be** afraid. こわがらないで。

●存在を表す文

be 動詞の文	be 動詞は存在（ある、いる）の意味を表すことがある。
	Your bag is on the table. あなたのバッグはテーブルの上にある。
There is 〜 の文	〈There ＋ be 動詞＋主語….〉：〜がある、いる
	There is a bag on the table. テーブルの上にバッグがある。

●感嘆文の形

What の感嘆文	〈What ＋ (a) ＋形容詞＋名詞＋主語＋動詞…!〉
	What a cute dog it is! 何てかわいい犬なのでしょう。
How の感嘆文	〈How ＋形容詞〔副詞〕＋主語＋動詞…!〉
	How fast he swims! 彼は何て速く泳ぐのでしょう。

6 文型と句

STEP 87 ～ STEP 96

> **例題** ( ) 内の語を、不要な1語をのぞいて並べかえ、英文を完成させなさい。
>
> ① My father gave (me / watch / for / this).
> 父が私にこのうで時計をくれました。
>
> ② He will (you / be / make / happy).
> 彼はあなたを幸せにしてくれるでしょう。

文の主要素は、主語 (S)、動詞 (V)、目的語 (O)、補語 (C) の4つです。

この4つの要素の組み合わせで、英語の文の型 (=文型) が決まります。

ここまでに習った文型は、SV、SVC、SVO の3つでしたが、

この章では、それ以外の新しい文型も学ぶことになります。

例題①は、目的語が2つある文型 SVOO にかんする問題です。

問題文の日本語の「父が・このうで時計を・くれた」は、

My father gave this watch（= SVO）で表せますが、これでは不完全です。

「私に」はどうやって表せばいいのでしょうか。

それを解決してくれるのが、SVOO の文型です。

この文型では、1つめの目的語が“動作のおよぶ相手（～に）”を表すからです。

つまり、gave me this watch とするだけで、「私に」の意味が加わるのです。

例題②は、目的語に補語がつく文型 SVOC にかんする問題です。

問題文の日本語は「あなたを・幸せに・する」です。

「～を幸せにする」という動詞があれば問題ないのですが、

そんな動詞はありません。そこで登場するのが動詞の make です。

make という動詞は、目的語 (O) のあとに補語 (C) をおいて、

「O を C にする」という意味を表すことができるのです。

ここでは、O を you（あなた）に、C を happy（幸せな）にします。

解答 ① My father gave me this watch.

② He will make you happy.

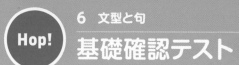

1 日本語の意味に合うように、(　　　) の中に適切な1語を入れなさい。(各5点)

❶ She (　　　　) a singer.
彼女は歌手だった。
→ STEP 87

❷ She (　　　　) a singer.
彼女は歌手になった。
→ STEP 87

❸ She (　　　　) happy.
彼女はうれしそうに見えた (＝うれしそうだった)。
→ STEP 87

❹ He (　　　　) in Osaka.
彼は大阪に住んでいる。
→ STEP 88

❺ He (　　　　) English.
彼は英語を教えている。
→ STEP 88

❻ He (　　　　) (　　　　) a bag.
彼は彼女にバッグをあげた。
→ STEP 89

❼ I (　　　　) (　　　　) a birthday present.
私は彼に誕生日プレゼントを送った。
→ STEP 90

❽ I (　　　　) a birthday present (　　　　) (　　　　).
私は彼に誕生日プレゼントを送った。
→ STEP 90

❾ He (　　　　) (　　　　) breakfast this morning.
けさは彼が私に朝食をつくってくれた。
→ STEP 90

❿ He (　　　　) breakfast (　　　　) (　　　　) this morning.
けさは彼が私に朝食をつくってくれた。
→ STEP 90

2 日本語の意味に合うように、（　　　）の中に適切な 1 語を入れなさい。(各 5 点)

❶ We (　　　) (　　　) our leader.
私たちは彼を私たちのリーダーにした。
→ STEP 91

❷ Everyone (　　　) (　　　) Cathy.
だれもが彼女をキャシーと呼ぶ。
→ STEP 91

❸ We (　　　) (　　　) angry.
私たちは彼を怒らせた。
→ STEP 92

❹ She (　　　) the windows (　　　).
彼女は窓を開けたままにしておいた。
→ STEP 92

❺ I get (　　　) early.
私は早く起きる。
→ STEP 93

❻ Take (　　　) your shoes, please.
くつをぬいでください。
→ STEP 93

❼ I waited (　　　) Mary.
私はメアリーを待った。
→ STEP 94

❽ She is (　　　) (　　　) math.
彼女は数学が得意です。
→ STEP 95

❾ We are (　　　) (　　　) our school.
私たちは自分たちの学校を誇りに思う。
→ STEP 95

❿ He is (　　　) (　　　) play the violin.
彼はバイオリンをひくことができます。
→ STEP 96

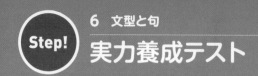
1 次の英文の（　　　）の中から適切なものを選びなさい。(各5点)

❶ She smiled very (happy / happily).
　彼女はとてもうれしそうにほほえんだ。

❷ He looked very (sad / sadly).
　彼はとても悲しそうでした。

❸ She is staying (Hawaii / in Hawaii) now.
　彼女はいまハワイに滞在しています。

❹ We visited (London / at London) last summer.
　私たちは去年の夏にロンドンを訪れた。

❺ My sister became (a pianist / to a pianist).
　私の姉はピアニストになった。

❻ We discussed (the problem / about the problem).
　私たちはその問題について話し合った。

2 次の英文の日本語訳を完成させなさい。(各5点)

❶ He showed me his new shoes.
　彼は〔　　　　　　　　　　　〕見せてくれました。

❷ They named the cat Momo.
　彼らは〔　　　　　　　　　　〕名づけました。

❸ She made him a birthday cake.
　彼女は〔　　　　　　　　　　　　　　　〕。

❹ Her words made him very happy.
　彼女のことばは〔　　　　　　　　　　　〕。

3 次の英文の（　　）に最も適するものを下から選んで入れなさい。(各5点)

❶ She (　　　　) sleepy and went to bed.

_____

❷ I (　　　　) the movie very funny.

_____

❸ I (　　　　) him a New Year's card.

_____

❹ They respected him and (　　　　) him Professor.

_____

❺ He always (　　　　) his car clean.

_____

sent,　　found,　　kept,　　got,　　called

4 日本語の意味に合うように、（　　）の中に適切な1語を入れなさい。(各5点)

❶ They stood (　　　　) and clapped their hands.
彼らは立ち上がって拍手した。

❷ Please listen (　　　　) me, everyone.
みなさん、私の言うことを聞いてください。

❸ She put (　　　　) her scarf and went out.
彼女はマフラーをして出ていった。

❹ He was late (　　　　) the last train.
彼は最終電車に乗りおくれた。

❺ I have (　　　　) return this book to the library today.
私はこの本をきょう図書館に返さなくてはならない。

1 次の英文の（　　　）に最も適するものをア〜エから１つ選びなさい。（各 5 点）

❶ I waited (　　　) her for half an hour.
ア at　　イ to　　ウ by　　エ for

❷ Don't give (　　　) your dream.
ア on　　イ off　　ウ up　　エ to

❸ Your opinion is different (　　　) mine.
ア of　　イ for　　ウ from　　エ with

❹ She (　　　) famous all over the world.
ア came　　イ became　　ウ took　　エ gave

❺ I (　　　) him very honest and kind.
ア asked　　イ told　　ウ looked　　エ found

❻ You (　　　) better go to bed early tonight.
ア had　　イ made　　ウ took　　エ did

2 ２つの文がほぼ同じ意味を表すように（　　　）に適切な１語を入れなさい。（各 5 点）

❶ His father bought him a computer.
His father bought a computer (　　　) him.

❷ He showed us his house.
He showed his house (　　　) us.

❸ We rested for a while at the coffee shop.
We (　　　) a rest for a while at the coffee shop.

❹ She can speak five languages.
She is (　　　) (　　　) speak five languages.

50

3 日本文に合うように（　　　）内の語を並べかえて英文を完成させなさい。(各5点)

❶ あなたは彼女に真実を話すべきです。

You (her / should / truth / the / tell).

❷ 私の母は年のわりにはとても若く見えます。

(mother / young / looks / my / very) for her age.

❸ 私の弟はスポーツが得意です。

My (sports / good / is / brother / at).

❹ この寺はその美しい庭で有名です。

This temple (for / beautiful / is / its / famous) garden.

❺ なぜあなたはそんなに怒っているのですか。

(angry / you / what / so / makes)?

❻ その部屋はあたたかくしておかなくてはなりません。

You (room / keep / have / the / to) warm.

4 次の日本文を（　　　）内の語を使って英語になおしなさい。(各5点)

❶ あなたの友だちはあなたのことを何と呼びますか。(friends)

❷ 田中先生は私たちに国語を教えています。(Mr. Tanaka)

❸ 彼女は自分の生徒たちを誇りに思っています。(proud)

❹ 私は来月東京を訪れる予定です。(going, next)

この章までに習った文を、「文型」の観点から整理しておきましょう。文型がわかると英文のしくみがよく見えてきます。

●最も基本的な3文型

S =主語、**V** =動詞、**C** =補語、**O** =目的語です。文型はこの組み合わせで表します。

SV の文	Time **flies**. 時は飛ぶように過ぎ去る。
SVC の文 (**C** =名詞)	She **became** a doctor. 彼女は医者になった。〈a doctor は補語〉
SVC の文 (**C** =形容詞)	She **looks** happy. 彼女はうれしそうだ。〈happy は補語〉
SVO の文	She **visited** a doctor. 彼女は医者を訪れた。〈a doctor は目的語〉

●目的語が2つある文

SVOO の文 (**give** 型)	動作自体が"動作の対象"(〜を)と"動作の相手"(〜に)を必要とする。
	He **gave me** this book. = He **gave** this book **to me**. 彼は私にこの本をくれた。〈give A B：A に B をあげる〉
	He **teaches us** English. = He **teaches** English **to us**. 彼は私たちに英語を教えている。〈teach A B：A に B を教える〉

▶send (送る)、show (見せる)、lend (貸す) などもgive型です。

SVOO の文 (**buy** 型)	動作自体は特に"動作の相手"(〜に)を必要とするわけではない。
	He **bought me** this ring. = He **bought** this ring **for me**. 彼は私にこの指輪を買ってくれた。〈buy A B：A に B を買ってあげる〉

▶make (つくる)、cook (料理する、つくる) などもbuy型です。

●目的語に補語がつく文

SVOC の文 (**C** =名詞)	目的語のあとに、目的語を説明することば(名詞)がくる。
	We **call** him Johnny. 私たちは彼をジョニーと呼ぶ。〈call A B：A を B と呼ぶ〉

▶ほかに、name A B (A を B と名づける)、make A B (A を B にする)、など。

SVOC の文 (**C** =形容詞)	目的語のあとに、目的語を説明することば(形容詞)がくる。
	She **makes** us happy. 彼女は私たちを幸せにする。〈make A B：A を B にする〉
	He **keeps** his room clean. 彼は自分の部屋をきれいにしている。〈keep A B：A を B にしておく〉

▶ほかに、leave A B (A を B のままにしておく)、find A B (A が B だとわかる)、など。

7 比較表現

例題 日本語の意味に合うように、（　　　）の中に適切な語を入れなさい。

① Our soccer team is (　　　) (　　　) that team.
　私たちのサッカーチームはあのチームより強い。〈強い：strong〉

② Her picture was the (　　　) (　　　) her class.
　彼女の絵がクラス (の中) でいちばんよかった。〈よい：good〉

比較表現は形容詞や副詞を使った応用表現で、ポイントは次の２点です。
１つは、形容詞や副詞を、「比較級」や「最上級」に変化させること。
もう１つは、「比較の対象」や「比較の範囲」を示すこと。
ここでは形容詞しかあつかっていませんが、副詞も同じようにします。

例題①は、何かと比較して「(それより) もっと…である」という文です。
このような文では、形容詞を「比較級」という形に変化させます。
比較級をつくるときは、語尾に -er をつけるのが基本です。
ここでは、形容詞 strong（強い）の語尾に -er をつけます。

あとは「比較の対象」ですが、これは than ～ （～より）で表します。
これで、〈比較級 + than ～〉という比較級の文の基本形ができます。

例題②は、ある範囲の中で「いちばん…である」という文です。
このような文では、形容詞を「最上級」という形に変化させます。
最上級をつくるときは、語尾に -est をつけるのが基本ですが、
形容詞によっては不規則に変化することもあります。

ここで使う good（よい）は、不規則に変化する形容詞の１つで、
比較級は better で、最上級は best というように変化します。
なお、最上級の形容詞には、ふつう the がつくこともおぼえておきましょう。
あとは「比較の範囲」ですが、これは in ～ （～の中で）で表します。

解答 ① Our soccer team is stronger than that team.
② Her picture was the best in her class.

1 日本語の意味に合うように、( )の中に適切な1語を入れなさい。また、( )の中の単語は適切な形に変えなさい。（各5点）

❶ Mt. Fuji is (high) ( ) Mt. Asama.
富士山は浅間山より（もっと）高い。
➡ STEP 97

❷ She studied (hard) ( ) Bob.
彼女はボブより一生けんめい勉強した。
➡ STEP 97

❸ This movie is ( ) ( ) ( ) that one.
この映画はあの映画より（もっと）おもしろい。
➡ STEP 98

❹ Please speak ( ) ( ).
もっとゆっくり話してください。
➡ STEP 98

❺ Mt. Fuji is ( ) (high) in Japan.
富士山は日本でいちばん高い。
➡ STEP 99

❻ Mike runs ( ) (fast) in his class.
マイクはクラスの中でいちばん速く走る。
➡ STEP 99

❼ That is ( ) ( ) ( ) place in the city.
そこはその都市でいちばん美しい場所です。
➡ STEP 100

❽ That is ( ) of the (tall) ( ) in New York.
あれはニューヨークで最も高いビルの1つです。
➡ STEP 100

❾ His house is (big) ( ) mine.
彼の家は私の家より大きい。
➡ STEP 101

❿ He arrived the (early) ( ) all.
彼はみんなの中でいちばん早く到着した。
➡ STEP 101

2 日本語の意味に合うように、（　　　　）の中に適切な1語を入れなさい。また、（　　　　）の中の単語は適切な形に変えなさい。(各5点)

❶ Your answer is (good) (　　　　) mine.

あなたの答えは私の（答え）よりいい。

➡ STEP 102

❷ She sings the (well) in her class.

彼女はクラスでいちばんじょうずに歌います。

➡ STEP 102

❸ (　　　　) is (large), Japan or Italy? — Japan is.

日本とイタリアでは、どちらのほうが大きいですか。—— 日本です。

➡ STEP 103

❹ He is (　　　　) (young) than you.

彼はあなたよりずっと若い。

➡ STEP 104

❺ It is getting (dark) (　　　　) (dark).

ますます暗くなってきている。

➡ STEP 104

❻ She became (　　　　) famous (　　　　) her sister.

彼女は姉と同じくらい有名になりました。

➡ STEP 105

❼ My school is (　　　　) (　　　　) big (　　　　) yours.

私の学校はあなたの学校ほど大きくない。

➡ STEP 106

❽ Run (　　　　) fast (　　　　) you (　　　　).

できるだけ速く走りなさい。

➡ STEP 106

❾ He is (　　　　) (tall) boy in his class.

彼はクラスでいちばん背が高い男の子です。

➡ STEP 108

❿ He is (tall) (　　　　) (　　　　) (　　　　) boy in his class.

彼はクラスのほかのどの男の子よりも背が高い。

➡ STEP 108

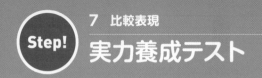
☞ 別冊 解答と解説　26〜27ページ

1 次の英文の（　　　）の中の語を適切な形（1語または2語）に変えなさい。(各5点)

❶ It is (hot) today than yesterday.
きょうはきのうよりもあたたかいです。

❷ The English test was (easy) than the math test.
英語のテストは数学のテストよりやさしかった。

❸ She is (old) than my mother.
彼女は私の母より年上です。

❹ Love is (important) than money.
愛はお金よりたいせつです。

❺ He looks (well) today than last week.
彼はきょうは先週よりよくなったようです。

❻ She has (much) money than I do.
彼女は私よりたくさんのお金をもっている。

2 日本語の意味に合うように、（　　　）の中に適切な1語を入れなさい。(各5点)

❶ This question is (　　　　) difficult than that one.
この問題はあの問題よりむずかしい。

❷ This question is (　　　　) difficult as that one.
この問題はあの問題と同じくらいむずかしい。

❸ That tower is (　　　　) tall.
あのタワーはとても高い。

❹ That tower is (　　　　) taller than Tokyo Tower.
あのタワーは東京タワーよりずっと高い。

3 次の英文の（　　　）に最も適するものをア～エから１つ選びなさい。(各5点)

❶ Who is the (　　　) in your class?
　　ア　higher　　イ　highest　　ウ　taller　　エ　tallest

❷ The lake is as (　　　) as our town.
　　ア　large　　イ　larger　　ウ　largest　　エ　more large

❸ Can you walk (　　　)? I can't keep up with you.
　　ア　faster　　イ　fastest　　ウ　more slowly　　エ　most slowly

❹ This question is the most difficult (　　　) the three.
　　ア　at　　イ　in　　ウ　on　　エ　of

❺ (　　　) do you like better, dogs or cats?
　　ア　Which　　イ　What　　ウ　Why　　エ　How

❻ She reads three times (　　　) books as Tom.
　　ア　many　　イ　more　　ウ　as many　　エ　as more

4 次の英文の日本語訳を完成させなさい。(各5点)

❶ She looks younger than she is.
　　彼女は〔　　　　　　　　　　　　　〕見える。

❷ She looks younger now than ten years ago.
　　彼女は〔　　　　　　　　　　　　　　　　〕見える。

❸ My father is six years older than my mother.
　　私の父は〔　　　　　　　　　　〕。

❹ Your English is getting better and better.
　　あなたの英語は〔　　　　　　　　　　　　　　〕。

1 2つの文がほぼ同じ意味を表すように（　　　）に適切な1語を入れなさい。(各5点)

❶ Your dog is bigger than mine.
My dog is (　　　　) than yours.

❷ Tom is taller than Bill.
Bill is (　　　　) (　　　　) (　　　　) as Tom.

❸ He is the fastest runner in his class.
He can run faster (　　　　) (　　　　) (　　　　) student in his class.

❹ Science is the most interesting subject to me.
(　　　　) (　　　　) subject is as interesting as (　　　　) to me.

❺ Our teacher is the same age as my father.
Our teacher is (　　　　) (　　　　) (　　　　) my father.

❻ Nothing is more important than health.
Health is (　　　　) (　　　　) (　　　　) thing.

2 次の英文には文法上の誤りがある。それを正しくなおした文を書きなさい。(各5点)

❶ His condition is getting more bad day by day.

❷ The mountain is very higher than Mt. Takao.

❸ She always works twice as harder as others.

❹ He is one of the greatest musician in the world.

3 日本文に合うように（　　　）内の語を並べかえて英文を完成させなさい。(各5点)

❶ 私は母ほどじょうずに料理はできません。
I (cook / well / cannot / as / as) my mother.

❷ 私にとっては、数学はすべての科目の中でいちばんむずかしい科目です。
For me, math is (difficult / of / most / subject / the) all.

❸ これはその年の最もすぐれた映画の1本です。
This is (movies / of / best / one / the) of the year.

❹ その部屋には100人以上の人がいました。
There were (people / than / hundred / more / a) in the room.

❺ 野球とサッカー、日本ではどちらのほうが人気がありますか。
(Japan / is / popular / which / more / in), baseball or soccer?

❻ あなたたちはできるだけ早く出発すべきです。
You should (early / you / as / as / can / start).

4 次の日本文を（　　　）内の語を使って英語になおしなさい。なお、必要があれば
（　　　）内の語は適切な形に変えて使いなさい。(各5点)

❶ ここは東京よりずっと寒いです。(it, cold, in)

❷ あなたの人生でいちばんたいせつなものは何ですか。(important)

❸ その国は日本の10倍の広さがあります。(as, large)

❹ 彼女はますます美しくなってきています。(become, more)

比較表現は、形容詞・副詞を使った応用表現です。日常的にもよく使うので、まず表現の基本パターンをしっかりおぼえましょう。

●比較の文

比較級の文 （形容詞）	形容詞の比較級＋ than ～：～より（もっと）…
	Tom is **taller than** John. トムはジョンより背が高い。〈than ～ は比較の対象を表す〉
比較級の文 （副詞）	副詞の比較級＋ than ～：～より（もっと）…
	John runs **faster than** Tom. ジョンはトムより速く走る。〈than ～ は比較の対象を表す〉

最上級の文 （形容詞）	the ＋形容詞の最上級＋ in ～：～の中で最も…
	Tom is **the tallest in** his class. トムはクラスでいちばん背が高い。〈in ～ は比較の範囲を表す〉
最上級の文 （副詞）	(the) ＋副詞の最上級＋ in ～：～の中で最も…
	John runs **the fastest in** his class. ジョンはクラスでいちばん速く走る。〈in ～ は比較の範囲を表す〉

▶副詞の最上級ではtheが省略されることもあります。

最上級の文 （of ～）	the ＋形容詞・副詞の最上級＋ of ～：～の中で最も…
	John runs **the fastest of** the three. ジョンは3人のうちでいちばん速く走る。〈of ～ は比較の対象全部を表す〉

●もう1つの比較の文

as … as ～	～と同じくらい…〈as ～ が比較の対象を表す〉
	John is **as tall as** Bob. ジョンはボブと同じくらいの背の高さです。
not as … as ～	～ほど…ではない〈as ～ が比較の対象を表す〉
	John is **not as tall as** Tom. ジョンはトムほど背が高くない。

●最上級の意味を表す

比較級で	比較級＋ than any other ～
	Tom is **taller than any other student** in his class. トムはクラスのほかのどの生徒より背が高い。
as … as ～ で	No other ＋名詞＋ as … as ～
	No other student in his class is **as tall as** Tom. クラスのほかのどの生徒もトムほど背が高くない。

▶このように比較の対象や主語をくふうすることによって最上級の意味を表すことができます。

8 受け身表現

STEP 109 ～ STEP 118

例題 （　　　　）内の語を、**不要な1語をのぞいて**並べかえ、英文を完成させなさい。

① Paper (invented / was / in / is) China.
紙は中国で発明された。

② This book (written / for / by / was) a high school student.
この本はある高校生によって書かれた（＝ある高校生が書いた）。

ふつうの他動詞の文では、主語が"動作主"で、動詞が"動作"を表し、
目的語が"動作を受ける側"（＝動作の対象）を表します。
それに対して、"動作を受ける側"が主語になるのが受け身の文です。

例題①を見てみましょう。主語の「紙」は、「発明する」という動作の、
"動作主"ではなく"動作を受ける側"なので、これは受け身の文になります。

受け身は、動詞の変化形の1つである「過去分詞」を使う表現です。
といっても、動詞を過去分詞にしただけでは受け身の文になりません。
過去分詞の前に be 動詞をおく必要があります。

例題①では、invent（発明する）の過去分詞 invented の前に be 動詞をおきます。
これで、「発明される」という受け身の意味になりますが、
「発明された」と過去の文にするときは、be 動詞を過去形にします。

なお、この文では"動作主"（＝だれが発明したか）は問題になっていません。
受け身の文では、このように"動作主"が出てこないことがよくあります。

例題②も、「この本は（…）書かれた」という過去の受け身の文です。
「書かれた」の部分は、①と同じように考えて、was written とします。
この文が①とちがうのは、"動作主"（＝だれが書いたか）が出てくることです。
受け身の文で動作主をしめすときは、by ～（～によって）の形を使います。

解答　① Paper was invented in China.
　　　② This book was written by a high school student.

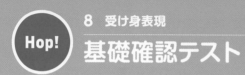
1 日本語の意味に合うように、（　　　）の中に適切な1語を入れなさい。(各5点)

❶ They (　　　　) this room every day.

彼らはこの部屋を毎日そうじする。

→ STEP 109

❷ This room (　　　　) (　　　　) every day.

この部屋は毎日そうじされる。

→ STEP 109

❸ This bridge (　　　　) (　　　　) six years ago.

この橋は6年前に建設された。

→ STEP 109

❹ The letter (　　　　) (　　　　) (　　　　) English.

その手紙は英語で書かれている。

→ STEP 110

❺ She (　　　　) (　　　　) (　　　　) everyone.

彼女はだれからも愛されている。

→ STEP 110

❻ The street (　　　　) (　　　　) (　　　　) snow.

その通りは雪でおおわれていた。

→ STEP 111

❼ Cheese (　　　　) (　　　　) (　　　　) milk.

チーズは牛乳からつくられる。

→ STEP 111

❽ I (　　　　) (　　　　) (　　　　) the news.

私はそのニュースにおどろいた。

→ STEP 112

❾ She (　　　　) (　　　　) in 1986.

彼女は1986年に生まれた。

→ STEP 112

❿ English (　　　　) (　　　　) (　　　　) in that country.

その国では英語は話されていない。

→ STEP 113

2 日本語の意味に合うように、（　　　　）の中に適切な1語を入れなさい。(各5点)

❶ （　　　　）（　　　　）the hotel （　　　　）? — Last year.
このホテルはいつ建てられたのですか。—去年です。　➡ STEP 114

❷ How many people （　　　　）（　　　　）in the accident?
その事故で何人の人が亡くなったのですか。　➡ STEP 114

❸ John （　　　　）（　　　　）to the party.
ジョンは私たちをそのパーティーに招待した。　➡ STEP 115

❹ We （　　　　）（　　　　）to the party （　　　　）（　　　　）.
私たちはジョンによってそのパーティーに招待された。　➡ STEP 115

❺ They （　　　　）vegetables at that store.
その店では野菜を売っている。　➡ STEP 116

❻ Vegetables （　　　　）（　　　　）at that store.
その店では野菜が売られている。　➡ STEP 116

❼ My father gave （　　　　）（　　　　）（　　　　）.
父は私にこのうで時計をくれた。　➡ STEP 117

❽ I （　　　　）（　　　　）（　　　　）（　　　　）by my father.
私は父からこのうで時計をあたえられた（＝もらった）。　➡ STEP 117

❾ He （　　　　）（　　　　）Bob.
彼はボブと呼ばれている。　➡ STEP 117

❿ She （　　　　）（　　　　）（　　　　）（　　　　）the man.
彼女はその男の人に話しかけられた。　➡ STEP 118

63

1 次の英文の（　　　）の中の動詞を<u>必要があれば</u>適切な形に変えなさい。(各 5 点)

❶ The castle is (visit) by a lot of tourists.

その城には多くの旅行客が訪れます。

_____

❷ The plane is (fly) over the Pacific Ocean.

飛行機は（いま）太平洋の上空を飛んでいます。

_____

❸ That statue is (make) of wood.

あの像は木でできています。

_____

❹ Mt. Fuji was (see) in the distance.

富士山が遠くに見えました。

_____

❺ The dogs were (run) around on the beach.

その犬たちは浜辺で走りまわっていました。

_____

❻ His books are (read) all over the world.

彼の本は世界中で読まれています。

_____

2 次の英文の（　）の中から適切なものを選びなさい。(各 5 点)

❶ Who (cooked / was cooked) this delicious dinner?

このおいしいディナーをつくったのはどなたですか。

_____

❷ What (stole / was stolen) from the house?

その家から何がぬすまれたのですか。

_____

❸ We are taught (English / of English) by an American teacher.

私たちはアメリカ人の先生から英語を教わっています。

_____

❹ He was (laughed by / laughed at by) other students.

彼はほかの生徒たちに笑われた。

_____

3 次の英文の（　　）に最も適するものを下から選んで入れなさい。(各5点)

❶ The street was filled (　　　) people.
_____

❷ They were surprised (　　　) her talent.
_____

❸ Wine is made (　　　) grapes.
_____

❹ This picture was taken (　　　) a famous photographer.
_____

❺ She is interested (　　　) Japanese culture.
_____

❻ This temple is well known (　　　) foreign tourists.
_____

at,　　by,　　in,　　with,　　to,　　from

4 次の英文の日本語訳を完成させなさい。(各5点)

❶ The dog was named Lucky.
その犬は〔　　　　　　　　　　　　　〕。
_____

❷ John was given the gold medal.
ジョンは〔　　　　　　　　　　〕。
_____

❸ My father was born in Hokkaido.
私の父は〔　　　　　　　　〕。
_____

❹ Many people were injured in the accident.
多くの人びとが〔　　　　　　　　　　〕。
_____

1 次の英文の（　　　）に最も適するものをア～エから１つ選びなさい。（各5点）

❶ She was (　　　) at the beautiful sight.
　ア　excite　　イ　excites　　ウ　exciting　　エ　excited

❷ How many people were (　　　) in the war?
　ア　kill　　イ　killed　　ウ　die　　エ　died

❸ I was introduced (　　　) the girl by John.
　ア　to　　イ　of　　ウ　for　　エ　with

❹ They were satisfied (　　　) his performance.
　ア　in　　イ　to　　ウ　for　　エ　with

❺ His speech was listened (　　　) many people.
　ア　to　　イ　by　　ウ　to by　　エ　by to

2 次の英文を受け身の文に書きかえなさい。（各5点）

❶ Young people love this game.

❷ My mother gave me this dress.

❸ A police officer spoke to him.

❹ Her friends call her Angel.

❺ They speak Spanish in Mexico.

 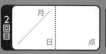 
3 日本文に合うように（　　　）内の語を並べかえて英文を完成させなさい。(各 5 点)

❶ この部屋はだれも使っていない。
This room (not / anyone / is / by / used).

❷ このはがきは姉から私に送られてきました。
This postcard (by / to / was / me / sent) my sister.

❸ 彼の最初の本はいつ出版されましたか。
When (first / his / published / book / was)?

❹ そのお祭りは来年の1月に開催されます。
The festival (in / will / held / January / be) next year.

❺ そのドアは一日じゅう開けっぱなしにされていた。
The (all / left / was / open / door) day.

❻ その男の子は祖母に世話をしてもらっています。
The boy (taken / is / by / care / of) his grandmother.

4 次の日本文を（　　　）内の語を使って英語になおしなさい。(各 5 点)

❶ このカップは紙でできています。(cup)

❷ その赤ちゃんは昨夜生まれました。(baby, last)

❸ 私はお金には興味がありません。(I'm)

❹ この花は日本語で何と呼ばれていますか。(flower, called)

67

受け身の文は、"動作主"ではなく"動作を受ける側"が主語になるという点で、これまで見てきた文とは性質が異なります。

●受け身の文：SVO

SVO の文	主語が"動作主"で、目的語が"動作を受ける側"となる。
	Tom **took** the picture in Kyoto. トムはその写真を京都で撮った。
受け身の文①	〈be 動詞＋過去分詞〉：主語が"動作を受ける側"となる文。
	The picture **was taken** in Kyoto. その写真は京都で撮られた。〈だれが撮ったかは問題ではない〉
受け身の文②	〈be 動詞＋過去分詞＋ by ～〉："動作主"が by ～ で表される文。
	The picture **was taken by** Tom. その写真はトムによって撮られた。

▶受け身の文では、①のように、"動作主"が示されないこともよくあります。

●受け身の文：SVOO

SVOO の文	動詞に間接目的語（～に）と直接目的語（～を）がつく文。
	They gave **him the gold medal**. 彼らは彼に金メダルをあたえた。
受け身の文	間接目的語・直接目的語、それぞれを主語にして受け身の文ができる。
	He was given **the gold medal** (by them). 彼は（彼らから）金メダルをあたえられた。
	The gold medal was given (to) **him** (by them). 金メダルは（彼らから）彼にあたえられた。〈ふつう to が入る〉

▶上はgive型の動詞（⇒52ページ）の場合です。buy型の動詞は、buy A Bのまま受け身にするのではなく、buy B for Aの形（＝SVOの文）にしてから受け身にします。

●受け身の文：SVOC

SVOC の文 （C ＝名詞）	動詞の目的語に名詞の補語がつく文。
	They called **her Sally**. 彼らは彼女をサリーと呼んだ。
受け身の文	**She** was called **Sally** (by them). 彼女は（彼らから）サリーと呼ばれた。〈補語は過去分詞のあとにくる〉
SVOC の文 （C ＝形容詞）	動詞の目的語に形容詞の補語がつく文。
	He kept **the windows open**. 彼はその窓を開けておいた。
受け身の文	**The windows** were kept **open** (by him). その窓は（彼によって）開けておかれた。〈補語は過去分詞のあとにくる〉

9 現在完了

STEP 119 ～ STEP 130

例題 次の英文の日本語訳を完成させなさい。

① He has already gone back to his country.

彼は〔　　　　　　　〕自分の国へ〔　　　　　　　　　　　〕。

② They have been friends since childhood.

彼らは子どものころ〔　　　　　　　　　　　　　　〕。

③ I have talked to her only once.

私は彼女と〔　　　　　　　　　　　　　〕。

現在完了も、受け身と同じく「過去分詞」を使う表現ですが、

be 動詞ではなく have（主語が3人称単数のときは has）といっしょに使います。

現在完了のポイントは、この表現がもつ3つの意味合いをつかむことです。

「完了・結果」「継続」「経験」の3つです。

では、例題①の現在完了の意味は、3つのうちのどれでしょうか。

それを知る手がかりになるのが、副詞の already（すでに、もう）です。

この副詞とむすびつくのは、「完了・結果」（〜してしまった）の意味です。

それ以外の「継続」や「経験」とはむすびつきません。

例題②にも、同じように手がかりになる語句があります。

文の後ろにある since childhood（子どものころから）です。

これとむすびつくのは、「継続」（ずっと〜である）の意味です。

例題③では、only once（1度しか…ない）が手がかりになります。

have talked to 〜 だけだと「完了・結果」や「継続」の意味にもなりえます。

しかし、only once があるために、「完了・結果」や「継続」ではなく、

「経験」（いままでに〜したことがある）の意味だとわかるのです。

こうした手がかりになる語句がいつもあるとはかぎりませんが、まずは、

それらを通じて、現在完了の3つの意味をしっかりつかんでおきましょう。

解答　① 彼はもう自分の国へ帰ってしまいました。

② 彼らは子どものころから（ずっと）友人（同士）です。

③ 私は彼女と1度しか話をしたことがありません。

1 日本語の意味に合うように、( ) の中に適切な 1 語を入れなさい。(各 5 点)

❶ I ( ) ( ) my watch.

私はうで時計をなくしてしまった〔いまはない〕。

➡ STEP 119

❷ ( ) he ( ) lunch? — Yes, he ( ).

彼は昼食を食べてしまいましたか。—— はい、食べてしまいました。

➡ STEP 120

❸ He ( ) to New York last month.

彼は先月ニューヨークへ行った。

➡ STEP 121

❹ He ( ) ( ) to New York.

彼はニューヨークへ行ってしまった〔いまここにいない〕。

➡ STEP 121

❺ I've ( ) ( ) my homework.

私はちょうどいま宿題をおえたところです。

➡ STEP 121

❻ He has ( ) ( ) the cake.

彼はもうケーキを食べてしまった〔もうケーキはない〕。

➡ STEP 121

❼ I ( ) ( ) the book ( ).

私はその本をまだ読んでいない。

➡ STEP 122

❽ Has the train ( ) ( )? — No, it ( ).

その電車はもう出発してしまいましたか。—— いいえ、まだです。

➡ STEP 122

❾ I ( ) in Kobe.

私は神戸に住んでいる。

➡ STEP 123

❿ I ( ) ( ) in Kobe ( ) five years.

私は 5 年間 (ずっと) 神戸に住んでいる。

➡ STEP 123

2 日本語の意味に合うように、( ) の中に適切な1語を入れなさい。 (各5点)

❶ I've ( ) ( ) ( ) yesterday.

私はきのうから (ずっと) いそがしい。

➡ STEP 123

❷ ( ) ( ) have you ( ) here?

あなたはどのくらい (のあいだ) ここに住んでいるのですか。

➡ STEP 124

❸ I've ( ) the movie ( ) ( ).

私はその映画を (いままでに) 3回見たことがある。

➡ STEP 125

❹ She ( ) ( ) ( ) in love before.

彼女はいままで1度も恋に落ちたことがない。

➡ STEP 125

❺ ( ) you ( ) climbed Mt. Fuji?

あなたはいままでに富士山にのぼったことがありますか。

➡ STEP 126

❻ He ( ) ( ) ( ) a game for two hours.

彼は2時間 (ずっと) ゲームをしつづけている。

➡ STEP 127

❼ His music ( ) ( ) ( ) for many years.

彼の音楽は長年にわたって愛されつづけている。

➡ STEP 128

❽ I have ( ) ( ) Hawaii twice.

私は2回ハワイへ行ったことがある。

➡ STEP 129

❾ Have you ( ) ( ) ( ) Hokkaido?

あなたはいままでに北海道へ行ったことがありますか。

➡ STEP 129

❿ ( ) ( ) you ( ), John?

どこへ行ってきたのですか、ジョン。

➡ STEP 129

1 日本語の意味に合うように（　　　）の中から適切なものを選びなさい。(各5点)

❶ I (visited / have visited) Yokohama last month.
私は先月横浜を訪れた。

❷ I (don't finish / haven't finished) my job yet.
私はまだ自分の仕事をおえていない。

❸ She (is angry / has been angry) since yesterday.
彼女はきのうから（ずっと）怒っている。

❹ When (did you go / have you been) to London?
あなたはいつロンドンに行きましたか。

❺ He (didn't return / hasn't returned) home for a year.
彼は1年間、家に帰っていない。

2 次の英文を（　　　）内の指示にしたがって書きかえなさい。(各5点)

❶ I have already had lunch. （否定文に）

❷ You have lost your passport. （疑問文に）

❸ She has visited New York <u>twice</u>. （下線部をたずねる疑問文に）

❹ He has been staying here <u>for a week</u>. （下線部をたずねる疑問文に）

❺ You have been <u>to the post office</u>. （下線部をたずねる疑問文に）

3 次の英文の（　　　）に最も適するものを下から選んで入れなさい。（各5点）

❶ He has been sick (　　　　) last Monday.

_____

❷ I've been to the restaurant several (　　　　).

_____

❸ Have you (　　　　) eaten *natto*?

_____

❹ She has (　　　　) returned from Canada.

_____

❺ The baby has been sleeping (　　　　) two hours.

_____

❻ Have you brushed your teeth (　　　　)?

_____

> for,　　since,　　just,　　yet,　　ever,　　times

4 2つの文がほぼ同じ意味を表すように（　　　　）に適切な1語を入れなさい。（各5点）

❶ She went to France and is still there.
She (　　　) (　　　) to France.

_____

❷ He became a pilot in 1997, and still works as a pilot.
He has (　　　) a pilot (　　　) 1997.

_____

❸ This is my first visit to Hawaii.
I have (　　　) (　　　) Hawaii before.

_____

❹ He died seven years ago.
He (　　　) (　　　) dead for seven years.

_____

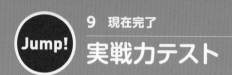
1 次の英文の（　　　）に最も適するものをア〜エから１つ選びなさい。（各5点）

❶ My mother (　　　) born in this town.

ア is　　イ has　　ウ was　　エ had

❷ Where am I? I (　　　) lost my way.

ア am　　イ was　　ウ did　　エ have

❸ We have known each other (　　　) ten years.

ア in　　イ at　　ウ for　　エ since

❹ I (　　　) the movie just a few days ago.

ア saw　　イ seen　　ウ was seen　　エ have seen

❺ I have never (　　　) to Europe.

ア went　　イ visited　　ウ been　　エ came

❻ She has traveled abroad many (　　　).

ア ways　　イ times　　ウ places　　エ countries

2 次の英文には文法上の誤りがある。それを正しくなおした文を書きなさい。（各5点）

❶ I haven't already done my homework.

❷ This letter has written in a foreign language.

❸ They have been traveling in Japan since a week.

❹ When have you visited Japan for the first time?

3 日本文に合うように（　　　　）内の語を並べかえて英文を完成させなさい。(各5点)

❶ 私はすでにその本を図書館に返してしまった。
I (book / already / the / have / returned) to the library.

❷ 私はずっと前からこの車がほしかったんです。
I (wanted / for / car / have / this) years.

❸ 彼らはちょうどいま空港に着いたところです。
They (the / arrived / just / airport / have / at).

❹ 彼女は子どものころから彼のファンです。
She (fan / has / his / since / been) childhood.

❺ あなたはどのくらいバスを待っているのですか。
How (been / long / have / waiting / you) for the bus?

❻ 私はこれよりもおもしろい本は読んだことがありません。
I have (read / more / a / interesting / never) book than this.

4 次の日本文を（　　　）内の語を使って英語になおしなさい。なお、必要があれば（　　　）内の語は適切な形に変えて使いなさい。(各5点)

❶ あなたはいままでに彼の音楽を聞いたことがありますか。(to)

❷ 彼とは長いあいだ会っていません。(see, time)

❸ もうおふろに入りましたか。(take, yet)

❹ あなたはその映画を何回見たことがあるのですか。(have, see)

現在完了の3つの基本的な意味を確認するとともに、現在完了で
be動詞が使われるケースについて整理しておきましょう。

●現在完了（have＋過去分詞）の3つの意味 　　*主語が3人称・単数のときはhaveはhasになる。

完了・結果	（いま）〜したところだ、〜してしまった（その結果がいま残っている）
	I **have** just **arrived** here. 私はたったいまここに着いたところです。
継続	（いままで）ずっと〜している
	I **have lived** here for ten years. 私は10年間ずっとここに住んでいます。
経験	（いままでに）〜したことがある
	I **have visited** Kobe three times. 私は（いままでに）神戸を3回訪れたことがあります。

●be動詞と現在完了① 継続

be動詞の現在完了はしばしば継続の意味を表します。

have been ＋補語	（いままで）ずっと〜である〈状態の継続を表す〉
	He **has been busy** since last week. 彼は先週からずっといそがしい。
have been 〜ing	（いままで）ずっと〜している〈現在完了進行形：動作の継続を表す〉
	He **has been studying** for three hours. 彼は3時間ずっと勉強している。

●be動詞と現在完了② 経験、完了

have been to 〜	（いままでに）〜へ行ったことがある〈経験を表す〉
	I **have been to** Kyoto several times. 私は（いままでに）数回京都へ行ったことがあります。
have been to 〜	（いま）〜へ行ってきたところだ〈完了・結果を表す〉
	I **have** just **been to** the post office. 私はたったいま郵便局へ行ってきたところです。

▶have been のあとに to 〜 ではなく、there（そこへ）のような副詞がくることもあります。

●現在完了と副詞・副詞句

現在完了の各用法でよく使われる副詞や副詞句には、次のようなものがあります。

完了・結果	just（たったいま）/ already（すでに）/ yet（もう〔疑問文〕、まだ〔否定文〕）
継　続	for 〜（〜のあいだ）/ since 〜（〜以来）/ how long（どのくらいのあいだ）
経　験	once（1回）/ twice（2回）/ 〜 times（〜回）/ how many times（何回）

▶経験の用法では、疑問文でever（いままでに）、否定文でnever（1度も…ない）もよく使います。

10 句で表す

> **例題** ( ) 内の語を、**不要な1語をのぞいて**並べかえ、英文を完成させなさい。
>
> ① (train / to / by / is / traveling) very exciting.
> 列車で旅することはとてもわくわくする。
> ② The pictures (are / by / taking / taken / him) unique.
> 彼によって撮られる（＝彼が撮る）写真はユニークだ。
> ③ We went out (see / seeing / fireworks / the / to).
> 私たちはその花火を見るために出かけた。

「句」とは、いくつかの単語が集まって1つのまとまった意味を表すものです。

「単語」が文の1要素となるように、「句」も文の1要素になります。

中でも重要なのが、"名詞""形容詞""副詞"のはたらきをする句ですが、

そうした句をつくるのが、「動名詞」「不定詞」「分詞」「前置詞」です。

例題①では、文の主語となる「列車で旅すること」を句で表します。

「～すること」というのは、"名詞のはたらきをする句"です。

不定詞と動名詞が"名詞のはたらきをする句"をつくりますが、

あたえられた語からは不定詞の句はつくれないので、

traveling を動名詞として使い、traveling by train とします。

例題②は、「彼によって撮られる」の部分を句で表します。

この句は"形容詞のはたらきをする句"で、「写真」を修飾します。

現在分詞も過去分詞も"形容詞のはたらきをする句"をつくりますが、

受け身の意味（～される、～された）を表すのは過去分詞なので、

taken を使い、taken by him という句で pictures を修飾します。

例題③は、「その花火を見るために」の部分を句で表します。

この句は"副詞のはたらきをする句"で、目的を表しています。

目的を表す副詞句をつくることができるのは不定詞です。

ここでは、to see the fireworks という不定詞の句になります。

解答 ① Traveling by train is very exciting.

② The pictures taken by him are unique.

③ We went out to see the fireworks.

1 日本語の意味に合うように、（　　　）の中に適切な1語を入れなさい。(各5点)

❶ I like (　　　　) (　　　　) tennis.
私はテニスをすることが好きです。
→ STEP 131

❷ (　　　　) (　　　　) English is difficult.
英語を話すことはむずかしい。
→ STEP 132

❸ My dream is (　　　　) (　　　　) a singer.
私の夢は歌手になることです。
→ STEP 132

❹ It was easy (　　　　) (　　　　) the problem.
その問題を解くのはやさしかった。
→ STEP 132

❺ I like (　　　　) the piano.
私はピアノをひくことが好きです。
→ STEP 133

❻ He is good at (　　　　) English.
彼は英語を話すことが得意です。
→ STEP 134

❼ That (　　　　) baby is very cute.
あの眠（ねむ）っている赤ちゃんはとてもかわいい。
→ STEP 135

❽ The man was driving a (　　　　) car.
その男はぬすまれた車（＝盗難車（とうなんしゃ））を運転していた。
→ STEP 135

❾ The girl (　　　　) (　　　　) (　　　　) is my sister.
ピアノをひいている女の子は私の妹です。
→ STEP 136

❿ That is a picture (　　　　) (　　　　) Picasso.
あれはピカソによって描（か）かれた絵です。
→ STEP 136

2 日本語の意味に合うように、( ) の中に適切な1語を入れなさい。(各5点)

❶ There are many places ( ) ( ) in Kyoto.

京都には訪れるべき場所がたくさんあります。

➡ STEP 137

❷ They need a house ( ) ( ) ( ).

彼らは住むための家 (＝住む家) を必要としている。

➡ STEP 137

❸ He has a lot of friends ( ) ( ) him.

彼には自分を支えてくれるたくさんの友人がいる。

➡ STEP 138

❹ It is time ( ) ( ) ( ) bed.

もう寝る (ための) 時間です。

➡ STEP 138

❺ That girl ( ) ( ) ( ) is my cousin.

あの長い髪をもつ女の子 (＝長い髪の女の子) は私のいとこです。

➡ STEP 139

❻ We live ( ) the beach.

私たちは海辺の近くに住んでいます。

➡ STEP 140

❼ We played tennis ( ) ( ).

私たちは放課後にテニスをした。

➡ STEP 141

❽ I went to the store ( ) ( ) a camera.

私はカメラを買うために (＝買いに) その店へ行った。

➡ STEP 142

❾ She was surprised ( ) ( ) the truth.

彼女は本当のことを知っておどろいた。

➡ STEP 142

❿ He was ( ) tired ( ) ( ) home.

彼はつかれすぎていて、家まで歩いて帰ることができなかった。

➡ STEP 143

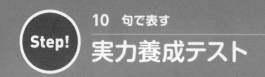

1 次の英文の日本語訳を完成させなさい。(各5点)

❶ To play soccer is a lot of fun.

〔　　　　　　　　　　　　　〕はとても楽しい。

❷ We enjoyed watching a soccer game on TV.

私たちは〔　　　　　　　　　　　　　〕楽しんだ。

❸ Reading a good book makes us happy.

〔　　　　　　　　　〕は私たちを幸せな気持ちにしてくれる。

❹ One of my wishes is to make a movie.

私の望みの1つは〔　　　　　　　　〕です。

❺ I'm proud of being a member of this team.

私は〔　　　　　　　　　　　　〕を誇りに思っています。

❻ It wasn't easy to pass the exam.

〔　　　　　　　　　　　　〕はかんたんではなかった。

2 次の英文の（　　　）の中から適切なものを選びなさい。(各5点)

❶ We were surprised (for / at / to) the news.

私たちはそのニュースにおどろいた。

❷ She was glad (to / at / with) see him again.

彼女は彼と再会できてうれしかった。

❸ People have fought (with / to / for) freedom of speech.

人びとは言論の自由のために戦ってきた。

❹ He worked hard (for / to / on) make his family happy.

彼は家族を幸せにするために一生けんめい働いた。

3 次の英文の日本語訳を完成させなさい。(各5点)

❶ Look! What is that flying object?

見て！〔　　　　　　　　　　　　〕は何ですか。

❷ The cherry blossoms along the river are very beautiful.

〔　　　　　　　　　　　　　　〕はとても美しいです。

❸ The boy playing the guitar is my brother.

〔　　　　　　　　　　　　　　〕は私の兄です。

❹ He was hungry and wanted something to eat.

彼はおなかがすいていて〔　　　　　　　　　　〕がほしかった。

❺ He bought a car made in Italy.

彼は〔　　　　　　　　　　　　　〕を買いました。

❻ He was busy and didn't have time to see me.

彼はいそがしくて〔　　　　　　　　　　〕がありませんでした。

4 次の英文の（　　　）に最も適するものを下から選んで入れなさい。(各5点)

❶ He came home (　　　　) time for supper.

❷ Mr. Jones lives in this house (　　　　) himself.

❸ He is old (　　　　) to travel alone.

❹ He was (　　　　) shy to speak to her directly.

very,	at,	too,	by,	enough,	in

1 次の英文の（　　　）に最も適するものをア〜エから１つ選びなさい。(各 5 点)

❶ We went to the airport (　　　) him off.
　ア　and see　　イ　and seeing　　ウ　to see　　エ　to seeing

❷ I love (　　　) to concerts with my friends.
　ア　go　　イ　going　　ウ　to going　　エ　for going

❸ She didn't feel comfortable (　　　) first.
　ア　on　　イ　at　　ウ　for　　エ　in

❹ I'm looking forward (　　　) you soon.
　ア　seeing　　イ　to see　　ウ　to seen　　エ　to seeing

❺ I was too young (　　　) understand the movie.
　ア　to　　イ　for　　ウ　of　　エ　from

❻ (　　　) is difficult to learn a foreign language.
　ア　This　　イ　That　　ウ　It　　エ　He

2 ２つの文がほぼ同じ意味を表すように（　　　）に適切な１語を入れなさい。(各 5 点)

❶ My sister plays the violin well.
　My sister is good (　　　) (　　　) the violin.

❷ I have a friend.　He is studying art in Paris.
　I have a friend (　　　) (　　　) in Paris.

❸ I want to be a scientist.　That is my dream.
　My dream (　　　) (　　　) (　　　) a scientist.

❹ I met an American boy.　He was called Mike.
　I met an American boy (　　　) (　　　).

3 日本文に合うように（　　　　）内の語を並べかえて英文を完成させなさい。(各5点)

❶ 早起きは健康にいいです。
(early / good / getting / is / up) for your health.

_____

❷ 彼女はその事故について聞いて悲しんだ。
She (about / sad / hear / was / to) the accident.

_____

❸ 何か冷たい飲み物をもらえませんか。
Can I (drink / have / to / something / cold)?

_____

❹ 彼にはオーストラリアに住んでいる姉がいます。
He (sister / in / living / a / has) Australia.

_____

❺ これはその著者によって書かれた最もすぐれた本のうちの1冊です。
This is one of (written / the / by / books / best) the author.

_____

❻ 私は庭のある家に住みたい。
I want (house / in / live / with / a / to) a garden.

_____

4 次の日本文を（　　　　）内の語句を使って英語になおしなさい。(各5点)

❶ しばしば私たちはまちがえることによって学ぶ。(learn, mistakes)

_____

❷ 私はそのバスに乗るために走らなくてはならなかった。(had, catch)

_____

❸ よい友人をもつことはたいせつです。(it, friends)

_____

❹ 私たちのチームは決勝戦に勝つ力が十分にある。(strong, the final)

_____

●名詞のはたらきをする句

動名詞の句	〈～ ing ＋語句〉が、文の主語や目的語や補語などになる。「～すること」
	Traveling abroad is fun. 海外を旅行することは楽しい。
不定詞の句	〈to ～〉が、文の主語や目的語や補語などになる。「～すること」
	I like **to play the guitar**. 私はギターをひくことが好きです。

▶動名詞の場合、句ではなく１語で使うこともあります。

●形容詞のはたらきをする句

現在分詞の句	〈～ ing ＋語句〉を名詞の後ろにおく。「～している…」「～する…」
	The boy **playing the guitar** is my brother. ギターをひいている男の子は私の兄です。
過去分詞の句	〈過去分詞＋語句〉を名詞の後ろにおく。「～された…」「～してしまった…」
	The bike **stolen last week** was found yesterday. 先週ぬすまれた自転車がきのう発見された。
不定詞の句	〈to ～〉を名詞の後ろにおく。「～すべき…」「～する…」
	I have a lot of homework **to finish**. 私にはおわらせなくてはならない宿題がたくさんある。
前置詞の句	〈前置詞＋名詞〔代名詞〕〉を名詞の後ろにおく。
	The cat **on the sofa** is called Tama. ソファーの上のネコはタマという名前です。

▶現在分詞・過去分詞は１語で名詞を修飾することもあります。その場合は名詞の前におきます。

●副詞のはたらきをする句

不定詞の句①	〈to ～〉が"目的"を表す。「～するために」「～しに」
	She came to Japan **to study Japanese culture**. 彼女は日本の文化を研究するために日本に来た。
不定詞の句②	〈to ～〉が"感情の原因"を表す。「～して」
	She was happy **to hear the news**. 彼女はそのニュースを聞いてうれしかった。
前置詞の句	〈前置詞＋名詞〔代名詞・動名詞〕〉で、さまざまな副詞的な意味を表す。
	I often buy things **on the Internet**. 私はよくインターネットでものを買う（＝買い物をする）。

▶このほかに、too … to ～（～するには…すぎる）などの熟語表現もおぼえておきましょう。

11 不定詞と動名詞と分詞

> **例題** 日本文に合うように（　　　　）内の語を並べかえて英文を完成させなさい。
>
> ① It was easy (to / him / pass / for) the exam.
> 　　彼にはその試験に受かることはかんたんでした。
>
> ② I (him / have / to / want) a happy life.
> 　　私は彼に幸福な生活を送ってもらいたいです。

不定詞にはさまざまな用法があります。〈to ＋動詞の原形〉という 1 つの形が、

"名詞"のはたらきもすれば、"形容詞"や"副詞"のはたらきもします。

しかし、不定詞には、まだまだ知っておくべきことがあります。

例題①は、形式主語の It を使った文です。

ここではその It がさす内容を、不定詞を使って表します。

「その試験に受かること」を不定詞で表すと to pass the exam です。

しかし、これだけでは、まだ日本文の意味と合いません。

単に「その試験に受かることがかんたんだった」ではなく、

「彼が（＝彼には）その試験に受かることがかんたんだった」なので、

そのように、不定詞の"動作主"を特定する必要があります。

不定詞の動作主は「意味上の主語」といい、for ～ で表します。

ここでは to pass ～ の前に for him をおいて、意味上の主語にします。

例題②は、「彼に～してもらいたい」という文です。

「（自分が）～したい」なら I want to ～ ですが、「彼に～してもらいたい」です。

これを解決してくれるのが、〈主語＋動詞＋目的語＋ to ～〉の文型です。

want はこの文型をつくることができる動詞の 1 つです。

〈want ＋人＋ to ～〉で「人に～してもらいたい」の意味になります。

ここではその形を使って、I want him to have ～ とします。

解答　① It was easy for him to pass the exam.

　　　　② I want him to have a happy life.

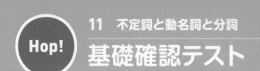
1 日本語の意味に合うように、(　　)の中に適切な **1 語または 2 語**を入れなさい。(各 5 点)

❶ She tried (　　　　　) a poem.

彼女は詩を書こうと (努力) した。

➡ STEP 144

❷ She tried (　　　　　) a poem.

彼女は (ためしに) 詩を書いてみた。

➡ STEP 144

❸ Don't forget (　　　　　) him.

彼に会うことを忘れないで (＝忘れずに会いなさい)。

➡ STEP 144

❹ I'll never forget (　　　　　) him.

私は彼に会ったことをけっして忘れないでしょう。

➡ STEP 144

❺ I finished (　　　　　) the book.

私はその本を読みおえた。

➡ STEP 145

❻ He promised (　　　　　) harder.

彼はもっと一生けんめい勉強すると約束した。

➡ STEP 145

❼ She stopped (　　　　　) with him.

彼女は彼と話すことをやめた (＝話すのを中断した)。

➡ STEP 145

❽ She stopped (　　　　　) with him.

彼女は彼と話をするために立ちどまった。

➡ STEP 145

❾ It is difficult (　　　　　) children to read this book.

子どもが (＝子どもには) この本を読むのはむずかしい。

➡ STEP 146

❿ That was a good chance (　　　　　) her to become a singer.

それは彼女が歌手になるいい機会でした。

➡ STEP 146

2 日本語の意味に合うように、( ) の中に適切な 1 語を入れなさい。(各 5 点)

❶ I don't know ( ) ( ) ( ).

私は何を言えばいいのかわからない。 ➡ STEP 147

❷ Do you know ( ) ( ) ( ) chopsticks?

あなたははしの使い方を知っていますか。 ➡ STEP 147

❸ We asked him ( ) ( ) ( ).

私たちは彼にどこへ行けばいいのかたずねた。 ➡ STEP 147

❹ I ( ) ( ) ( ) pass the exam.

私はあなたにその試験に合格してもらいたい。 ➡ STEP 148

❺ She ( ) ( ) ( ) close the door.

彼女は私にドアを閉めるようにと言った。 ➡ STEP 148

❻ My father ( ) ( ) ( ) travel alone.

父は私がひとりで旅行することを許してくれた。 ➡ STEP 148

❼ She ( ) ( ) ( ) give a speech at the party.

彼女はそのパーティーでスピーチをしてくださいと頼まれた。 ➡ STEP 149

❽ The movie ( ) him ( ).

その映画は彼を泣かせた (＝その映画を見て彼は泣いた)。 ➡ STEP 150

❾ His parents ( ) him ( ) the dog.

彼の両親は彼にその犬を飼わせてあげた。 ➡ STEP 150

❿ He ( ) me ( ) the job.

彼は私がその仕事をおわらせるのを手伝ってくれた。 ➡ STEP 151

1 次の英文の（　　）の中から適切なものを選びなさい。なお、<u>どちらも適切な場合は両方を選びなさい</u>。（各5点）

❶ かぎをかけるのを忘れないでください。
Please remember (locking / to lock) the door.

❷ 彼は帰国することを決心しました。
He decided (going / to go) back to his country.

❸ 私はその問題についてくよくよするのをやめました。
I stopped (worrying / to worry) about the problem.

❹ 私はいろいろなところへ旅行をするのが大好きです。
I love (traveling / to travel) to different places.

❺ 私はイタリアで音楽の勉強をしたいと思っています。
I hope (studying / to study) music in Italy.

❻ 彼らはいっしょにそのゲームをして楽しみました。
They enjoyed (playing / to play) the game together.

2 次の英文の日本語訳を完成させなさい。（各5点）

❶ It is impossible for him to forget her.
〔　　　　　　　　　　　　　　　　　〕は不可能です。

❷ This question is too difficult for me to answer.
この問題は〔　　　　　　　　　　　　　　　〕。

❸ I don't know how to thank you.
私には〔　　　　　　　　　　　　　　　〕わからない。

❹ Will you tell me where to buy the ticket?
〔　　　　　　　　　　　　　　　〕私に教えてくれませんか。

3 次の英文の（　　　）の中の動詞を<u>必要があれば適切な形に変えなさい</u>。2語になってもよい。(各5点)

❶ He needs someone (take) care of him.
彼には自分の世話をしてくれる人が必要です。

❷ The mountains (cover) with snow are very beautiful.
雪におおわれた山々はとても美しい。

❸ Do you know which train (take)?
あなたはどの列車に乗ればいいのか知っていますか。

❹ She is interested in (write) poems and stories.
彼女は詩や物語を書くことに興味があります。

❺ He asked me (lend) him some money.
彼は私にいくらかのお金を貸してくれないかと頼（たの）みました。

❻ My father let me (use) his computer.
父は私に自分のコンピュータを使わせてくれました。

4 次の英文の日本語訳を完成させなさい。(各5点)

❶ We want you to become a member of our team.
私たちは〔　　　　　　　　　　　　　　　　　　〕と思っています。

❷ She helped me cook dinner.
彼女は〔　　　　　　　　　　　　〕手伝ってくれた。

❸ My parents made me stay home all day.
私の両親は一日じゅう〔　　　　　　　　〕。

❹ He was told to show his passport.
彼はパスポートを〔　　　　　　　　　〕。

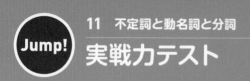
1 次の英文の（　　　）に最も適するものをア～エから1つ選びなさい。(各5点)

❶ I asked him (　　　) to do next.
　ア　what　　イ　where　　ウ　why　　エ　how

❷ It was very hard (　　　) me to climb the mountain.
　ア　of　　イ　with　　ウ　to　　エ　for

❸ I hope (　　　) Rome again in the near future.
　ア　visit　　イ　visiting　　ウ　to visit　　エ　to visiting

❹ Have you finished (　　　) your room?
　ア　clean　　イ　cleaning　　ウ　to clean　　エ　to cleaning

❺ The book made me (　　　) at things in a new way.
　ア　look　　イ　looking　　ウ　looked　　エ　to look

❻ She likes to go (　　　) with her mother.
　ア　shop　　イ　shopping　　ウ　to shopping　　エ　on shopping

2 次の英文には文法上の誤りがある。それを正しくなおした文を書きなさい。(各5点)

❶ Please remember waking me up at six tomorrow.

❷ She was wearing a pink dress making of silk.

❸ We enjoyed to travel around the world together.

❹ She told me stop watching TV and do my homework.

90

3 日本文に合うように（　　　　）内の語を並べかえて英文を完成させなさい。(各5点)

❶ 彼女は6歳のときにテニスをはじめました。

She (tennis / the / started / at / playing) age of six.

---

❷ 私はいつ彼女に話しかけたらいいのかわかりません。

I don't know (her / to / to / talk / when).

---

❸ 彼女にはその試合に勝つのはかんたんではありませんでした。

It (her / wasn't / to / for / win / easy) the game.

---

❹ みなさんに私のいちばんの親友を紹介させてください（＝紹介します）。

Let (introduce / best / to / me / friend / my) you.

---

❺ 彼は私たちに馬の乗り方を教えてくれました。

He showed (to / us / horse / how / a / ride).

---

❻ 私たちはあなたに夢を実現してほしいと思っています。

We (make / you / want / your / to / dream) come true.

---

4 次の日本文を（　　　　）内の語を使って英語になおしなさい。なお、必要があれば
（　　　　）内の語は適切な形に変えて使いなさい。(各5点)

❶ 私はその本を図書館に返すのを忘れました。(forget, return)

---

❷ 彼女は私の兄と結婚することを決めました。(decide, marry)

---

❸ 彼は私がその問題を解くのを手伝ってくれました。(help, solve)

---

❹ 私は彼にいっしょに来てくださいと頼んだ。(ask, with)

不定詞にはとてもたくさんの用法があります。ここでは、前章でふれられなかったものについて、整理と確認をしておきましょう。

● 形式主語 It を使った文

It is … to ~	~することは…である 〈It は to ~ をさす形式主語〉
	It is difficult **to read this book.** この本を読むのはむずかしい。
It is … for A to ~	A が（＝ A には）~することは…である
	It is difficult **for children to read this book.** 子どもにはこの本を読むのはむずかしい。

▶ for A は不定詞の「意味上の主語」（＝動作主）を表します。

It takes … to ~	~するのに…を必要とする、かかる
	It took two days **to read this book.** この本を読むのに 2 日かかった。

● 〈疑問詞＋ to ~〉は名詞句をつくる

what to ~	何を~したらいいか、何を~すべきか
	I don't know **what to do next.** 私には次に何をしたらいいのかわからない。
how to ~	どうやって~したらいいか、~のしかた
	Do you know **how to play chess?** あなたはチェスのやり方を知っていますか。
where to ~	どこへ〔で〕~するか、どこへ〔で〕~すべきか
	Please tell me **where to go.** どこへ行けばいいのか教えてください。

▶ このほかに、when to ~（いつ~するか）、which to ~（どちらを~すべきか）などもあります。

● 〈主語＋動詞＋目的語＋ to ~〉の文

ask ＋人＋ to ~	人に~してくださいと頼む
	I **asked** him **to come** with me. 私は彼にいっしょに来てくれるように頼んだ。
tell ＋人＋ to ~	人に~するように言う、命じる
	I **told** him **to work** harder. 私は彼にもっと熱心に働くように言った。
want ＋人＋ to ~	人に~してもらいたい
	I **want** him **to tell** the truth. 私は彼に真実をのべてもらいたい。

12 前置詞

> **例題** 日本文に合うように（　　　　）の中から適切なものを選びなさい。
>
> ① She lives (in / on / to) a house (of / for / with) a pool.
> 　 彼女はプールのある家に住んでいます。
>
> ② I'm looking (at / for / after) a bank. Is there one near here?
> 　 銀行を探しています。この近くに（銀行は）ありますか。

前置詞は、つねに他の語句とむすびついて1つのはたらきをします。

おもに〈前置詞＋名詞〉の句をつくり、"副詞のはたらき"をしますが、

"形容詞のはたらき"をして、名詞を後ろから修飾することもあります。

また、動詞とむすびついて〈自動詞＋前置詞〉の句をつくることもあります。

この章では、さまざまな前置詞の意味や使い分けについて学習しますが、

その前に、ここで前置詞の"はたらき"についておさらいをしておきましょう。

例題①の、「（～のある）家に」は、住む"場所"を表しているので、

前置詞を使って、場所を表す"副詞のはたらきをする句"をつくります。

ここは「家（という空間の中）に」という意味なので、前置詞は in にします。

「プールのある」は、「家（a house）」を修飾しているので、

前置詞を使って"形容詞のはたらきをする句"をつくります。

ここでは、「～をもっている」という意味を表す with を使い、

「プールをもっている（＝プールのある）家」とします。

例題②では、「～を探す」という意味を、〈自動詞＋前置詞〉の句で表します。

look（見る）は自動詞ですが、さまざまな前置詞とむすびついて、

〈look＋前置詞〉の形の句をつくり、他動詞のようなはたらきをします。

ここは「～を探す」という意味なので、look for ～ の形にします。

look at ～ は「～を見る」、look after ～ は「～の世話をする」の意味です。

解答 　① She lives in a house with a pool.

　　　　② I'm looking for a bank. Is there one near here?

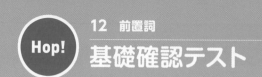

Hop! 基礎確認テスト

別冊 解答と解説 45～46ページ

1 日本語の意味に合うように、（　　）の中に適切な1語を入れなさい。(各5点)

❶ She was born (　　　) 2002.

彼女は2002年に生まれた。

➡ STEP 152

❷ I usually get up (　　　) six thirty.

私はふつう6時30分に起きます。

➡ STEP 153

❸ I usually get up late (　　　) Sunday.

私はふつう日曜日にはおそく起きます。

➡ STEP 153

❹ Finish this work (　　　) next Monday.

次の月曜日までにこの仕事をおわらせなさい。

➡ STEP 154

❺ Stay here (　　　) next Monday.

次の月曜日までここにいなさい。

➡ STEP 154

❻ She stayed in Japan (　　　) a month.

彼女は1か月間日本に滞在した。

➡ STEP 154

❼ He works (　　　) nine (　　　) five.

彼は9時から5時まで働いている。

➡ STEP 154

❽ My mother is (　　　) the kitchen.

母はキッチンにいます。

➡ STEP 155

❾ Turn left (　　　) the next corner.

次の角で左に曲がりなさい。

➡ STEP 155

❿ Your cake is (　　　) the table.

あなたのケーキはテーブルの上にあります。

➡ STEP 155

2 日本語の意味に合うように、（　　　）の中に適切な1語を入れなさい。（各5点）

❶ The teacher sat (　　　　) Tom and John.

先生はトムとジョンのあいだにすわった。　　→ STEP 156

❷ There was a house (　　　　) the trees.

木々のあいだに（＝木立の中に）1軒の家があった。　　→ STEP 156

❸ We walked (　　　　) the river.

私たちはその川にそって歩いた。　　→ STEP 156

❹ He swam (　　　　) the river.

彼はその川を横切って泳いだ（＝泳いでわたった）。　　→ STEP 156

❺ Please write (　　　　) a pencil.

えんぴつで書いてください。　　→ STEP 157

❻ I go to school (　　　　) train.

私は電車で学校に通っている。　　→ STEP 157

❼ I watched the game (　　　　) TV.

私はその試合をテレビで見た。　　→ STEP 157

❽ She went (　　　　) the room.

彼女は部屋（の中）へ入っていった。　　→ STEP 158

❾ She went (　　　　) (　　　　) the room.

彼女は部屋から（外へ）出ていった。　　→ STEP 158

❿ He stood (　　　　) (　　　　) of the door.

彼はドアの前に立っていた。　　→ STEP 158

1 次の英文の（　　　）の中から適切なものを選びなさい。(各5点)

❶ 私たちは来月までにはここにもどります。
We will be back here (by / until) next month.

❷ 彼は会議のあいだずっと黙ったままだった。
He kept silent (for / during) the meeting.

❸ 1時間後に（電話を）かけなおします。
I'll call you back (in / by) an hour.

❹ 私たちは先週からずっといそがしい。
We have been busy (from / since) last week.

❺ 彼らは飛行機で札幌へ行きました。
They went to Sapporo (by / in) plane.

❻ 私の祖母は年のわりには若く見えます。
My grandmother looks young (for / with) her age.

2 2つの英文の（　　　）に共通して入る語を書きなさい。(各5点)

❶ We had dinner (　　　) a French restaurant.
The English class starts (　　　) ten o'clock.

❷ The girl (　　　) short hair is my sister.
I often play tennis (　　　) my brother.

❸ Exercise is good (　　　) your health.
I have lived here (　　　) ten years.

❹ He left Japan (　　　) September 10.
There is a beautiful carpet (　　　) the floor.

3 次の英文の（　　）に最も適するものを下から選んで入れなさい。(各5点)

❶ This river flows (　　　　) Tokyo Bay.

❷ The moon is shining (　　　) the sea.

❸ Let's take a rest (　　　) that tree.

❹ The boy was walking happily (　　　) his parents.

❺ It is dangerous to walk (　　　) the street here.

❻ Go (　　　) this street and turn left at the second corner.

---

above,	along,	across,	between,	into,	under

4 次の英文の日本語訳を完成させなさい。(各5点)

❶ The game was called off because of bad weather.
その試合は〔　　　　　　　　　〕中止になった。

❷ We enjoyed the concert from beginning to end.
私たちは〔　　　　　　　　　〕そのコンサートを楽しんだ。

❸ The car stopped in front of my house.
その車は〔　　　　　　　　〕とまった。

❹ Thanks to your advice, I was able to pass the test.
〔　　　　　　　　　　　　　〕私はそのテストに合格できました。

1 次の英文の（　　　）に最も適するものをア〜エから１つ選びなさい。(各5点)

❶ We waited for you (　　　) nine o'clock last night.
　ア　by　　イ　for　　ウ　until　　エ　to

❷ They talked about the problem (　　　) the phone.
　ア　by　　イ　in　　ウ　to　　エ　on

❸ The sun rises (　　　) the east.
　ア　in　　イ　on　　ウ　to　　エ　from

❹ At last she found him (　　　) the crowd.
　ア　along　　イ　above　　ウ　among　　エ　across

❺ I visited the museum (　　　) my stay in Hakone.
　ア　among　　イ　within　　ウ　between　　エ　during

❻ I met John (　　　) my way to the station.
　ア　of　　イ　on　　ウ　for　　エ　from

2 ２つの英文の（　　　）に共通して入る語を書きなさい。(各5点)

❶ The concert will start (　　　) half an hour.
　They were standing (　　　) a line.

❷ He usually goes to his office (　　　) car.
　This storm will be over (　　　) tomorrow morning.

❸ You can see Mt. Fuji (　　　) the balcony.
　They were very tired (　　　) walking all day.

❹ I met an old friend (　　　) mine yesterday.
　There is a bus stop in front (　　　) the hospital.

3 日本文に合うように（　　　）内の語を並べかえて英文を完成させなさい。(各5点)

❶ 海岸ぞいをドライブするのはとても気持ちがいい。
It is very pleasant (the / along / drive / to / coast).

❷ その本を何日か貸してくれませんか。
Will you lend (a / book / few / me / for / the) days?

❸ そのお金は1か月以内に返します。
I will (money / a / within / return / month / the).

❹ 1羽の鳥が舞い降りてきて、ちょうど私の頭の上を飛んでいった。
A bird came down and (my / right / head / over / flew).

❺ 私たちの乗ったバスは雪のためにおくれました。
Our bus (snow / of / late / the / was / because).

❻ 日本語と英語のあいだには多くのちがいがあります。
There are (and / Japanese / differences / English / between / many).

4 次の日本文を（　　　）内の語を使って英語になおしなさい。(各5点)

❶ きょうは昼食に何を食べましたか。(have)

❷ 彼はこの前の日曜日から（ずっと）病気です。(sick)

❸ あなたは寿司をはしで食べますか。(sushi, chopsticks)

❹ 彼女は何も言わずに部屋から出ていった。(went, anything)

この章の内容（＝個別の前置詞の意味）からは少しはなれますが、前置詞がどのように使われるかを確認しておきましょう。

●前置詞の基本的用法

副詞句をつくる	We walked **along the river in the afternoon**. 私たちは午後、川ぞいを散歩した。
	She passed the exam **by studying hard**. 彼女は熱心に勉強することによって試験に合格した。〈動名詞が目的語〉
	She always arrives **on time**. 彼女はいつも時間どおりに着く。〈on time：時間どおりに（熟語）〉
形容詞句をつくる	The girl **with short hair** is John's sister. ショートヘアの少女はジョンの妹です。〈girl を修飾〉

●動詞・形容詞と句をつくる

動詞と前置詞①	〈自動詞＋前置詞〉：例 look for ～：～を探す
	We **looked for** a Chinese restaurant. 私たちは中華料理店を探した。
動詞と前置詞②	〈自動詞＋副詞＋前置詞〉：例 look forward to ～：～を楽しみに待つ
	I **look forward to** seeing you again. あなたと再会するのを楽しみにしています。〈動名詞が目的語〉
動詞と前置詞③	〈他動詞＋名詞＋前置詞〉：例 take care of ～：～の世話をする
	Will you **take care of** our dog this weekend? 今週末うちの犬の世話をおねがいできませんか。
形容詞と前置詞	〈be 動詞＋形容詞＋前置詞〉：例 be proud of ～：～を誇りに思う
	They **are proud of** their daughter. 彼らは自分たちの娘を誇りに思っている。

▶こうした句の多くが熟語表現となっています。

●注意すべき目的語（参考）

疑問詞と前置詞	疑問詞が前置詞の目的語になる。
	What is your teacher **like**? あなたの先生はどんな人ですか。〈What が like の目的語〉
受け身と前置詞	主語が前置詞の目的語になる。
	He was laughed **at** by the audience. 彼は観客から笑われた。〈He が at の目的語〉
不定詞と前置詞	修飾される語が前置詞の目的語になる。（不定詞の形容詞的用法）
	Everyone needs **something** to live **for**. だれもが生きがいを必要としている。〈something が for の目的語〉

13 接続詞と疑問詞

節で表す（1）

STEP 159 〜 STEP 172

> **例題** 日本文に合うように（　　　　）内の語を並べかえて英文を完成させなさい。
>
> ① I fell asleep soon (tired / because / was / I / very).
> 私はとてもつかれていたので、すぐに眠りについた。
>
> ② I know (did / best / that / your / you).
> あなたがベストをつくしたことを私は知っています。

「節」という単位も、「句」と同じように文の中で1つのはたらきをします。
句が"名詞や副詞のはたらき"をして文の1要素となるように、
節も"名詞や副詞のはたらき"をして文の1要素となります。
ちがいは、節には"文（主語＋動詞…）"がふくまれているということです。

例題①の文は、「（私は）すぐに眠りについた」が文の中心で、
「私はとてもつかれていたので」は、その理由を表す部分ですが、
そこにも「私はとてもつかれていた」という文がふくまれています。
このようなときに、節を使って表します。

理由を表す節（＝副詞のはたらきをする節）をつくるときは、
接続詞の because（〜なので）を、〈because ＋文〉の形で使います。
ここでは、I was very tired の前に because をおくと、
全体が理由を表す「節」となり、文の1要素になります。

例題②の文は、「私は知っています」が文の中心で、
「あなたがベストをつくしたこと」は、「知る（know）」の目的語ですが、
そこにも文がふくまれており、やはり節で表します。

「〜こと」という名詞節（＝名詞のはたらきをする節）をつくるときは、
接続詞の that（〜ということ）を、〈that ＋文〉の形で使います。
ここでは、you did your best の前に that をおいて名詞節にします。

解答 ① I fell asleep soon because I was very tired.

② I know that you did your best.

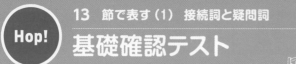
1 日本語の意味に合うように、（　　　）の中に適切な1語を入れなさい。(各5点)

❶ She had pizza (　　　) I had spaghetti.

彼女はピザを食べ、（そして）私はスパゲッティを食べた。

→ STEP 159

❷ She can speak (　　　) Japanese (　　　) English.

彼女は日本語と英語の両方とも話せる。

→ STEP 160

❸ I called Mary, (　　　) she was out.

私はメアリーに電話をしたが、彼女は留守だった。

→ STEP 161

❹ He wasn't home, (　　　) I left a message.

彼は家にいなかったので、私は伝言を残した。

→ STEP 161

❺ Hurry up, (　　　) you will miss the train.

急ぎなさい、さもないと電車に乗りおくれますよ。

→ STEP 162

❻ My sister was born (　　　) I was three.

私の妹は私が3歳のときに生まれた。

→ STEP 163

❼ Brush your teeth (　　　) you go to bed.

寝る前に歯をみがきなさい。

→ STEP 163

❽ (　　　) I was in Paris, I visited the Louvre.

私はパリにいるあいだに、ルーブル美術館を訪れた。

→ STEP 163

❾ (　　　) it was snowing, she didn't go out.

雪がふっていたので、彼女は外出しなかった。

→ STEP 164

❿ (　　　) it was snowing, she went out.

雪がふっていたけれど、彼女は外出した。

→ STEP 164

2 日本語の意味に合うように、(　　) の中に適切な1語を入れなさい。(各5点)

① (　　　) it (　　　) tomorrow, I will stay home.

もしあす雨がふったら、私は家にいます。　➡STEP 165

② (　　　) soon (　　　) I get home, I'll call you.

家に着いたらすぐに、あなたに電話します。　➡STEP 166

③ I'm (　　　) busy (　　　) I can't help you.

私はとてもいそがしいので、あなたを手伝うことができない。　➡STEP 166

④ I know (　　　) she loves John.

私は彼女がジョンを愛しているということを知っている。　➡STEP 167

⑤ He found (　　　) the question (　　　) easy.

彼はその問題がやさしいと感じた。　➡STEP 168

⑥ Do you know (　　　) (　　　) (　　　)?

彼がどこに住んでいるかあなたは知っていますか。　➡STEP 169

⑦ I asked her (　　　) (　　　) (　　　).

私は彼女に何がほしいのかたずねた。　➡STEP 170

⑧ Do you know (　　　) (　　　) the gold medal?

あなたはだれが金メダルをとったか知っていますか。　➡STEP 170

⑨ I am sure (　　　) he is honest.

私は彼が正直だと確信している。　➡STEP 171

⑩ I don't know (　　　) she really loves him.

彼女が本当に彼を愛しているかどうか私にはわからない。　➡STEP 172

103

実力養成テスト

☞ 別冊 解答と解説 50～51ページ

1 次の英文の（　　　）の中から適切なものを選びなさい。(各5点)

1 I went to the supermarket, (and / but) it was closed.
私はスーパーマーケットへ行ったのですが、休みでした。

2 Go to the top floor, (and / or) you'll have a nice view.
最上階へ行ってみなさい、そうすれば、すてきなながめが見られますよ。

3 (Both / Either) you are right or I am right.
あなたが正しいか私が正しいかどちらかだ。

4 She said nothing to him, (for / so) she didn't trust him.
彼女は彼に何も言わなかった。というのも、彼を信用していなかったからだ。

5 There was no bus service there, (or / so) I took a taxi.
そこではバスがなかったので、私はタクシーに乗りました。

2 次の英文の日本語訳を完成させなさい。(各5点)

1 My mother is not a nurse but a doctor.
私の母は〔　　　　　　　　　　〕医者です。

2 Buy this now, or you will never have another chance.
いまこれを買いなさい、〔　　　　　　　　　　　　　　　　　　　　〕。

3 I usually go to bed after I finish my homework.
私はふつう〔　　　　　　　　　　〕寝ます。

4 We have been friends since we were kids.
私たちは〔　　　　　　　　　　〕友人です。

5 It began to rain as soon as I left home.
私が〔　　　　　　　　　　〕雨がふりだしました。

3 次の英文の（　　）に最も適するものを下から選んで入れなさい。（各5点）

❶ How will you go to school (　　　　) it snows tomorrow?

_____

❷ Please take care of the children (　　　　) I return.

_____

❸ I couldn't sleep well (　　　) it was too hot.

_____

❹ (　　　) he is very young, he has been to a lot of countries.

_____

❺ She told me (　　　) she was feeling bad.

_____

❻ I fell asleep (　　　) I was watching TV last night.

_____

| while,　　until,　　that,　　because,　　if,　　though |

4 次の英文には文法上の誤りがある。それを正しくなおした文を書きなさい。（各5点）

❶ I don't understand what are you saying.

_____

❷ She is afraid of that something bad will happen to him.

_____

❸ If the storm will come tomorrow, the game will be canceled.

_____

❹ She was too surprised that she couldn't even say a word.

_____

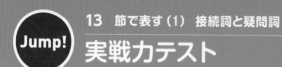
1 次の英文の（　　　）に最も適するものをア～エから１つ選びなさい。(各5点)

❶ I lived in Nagoya (　　　) I was a little girl.
　　ア if　　イ after　　ウ when　　エ though

❷ You should come home (　　　) it gets dark.
　　ア before　　イ since　　ウ until　　エ while

❸ Why are you angry? — (　　　) someone has eaten my cake.
　　ア How　　イ If　　ウ After　　エ Because

❹ (　　　) my sister nor I can play the piano.
　　ア Both　　イ Even　　ウ Either　　エ Neither

❺ We will not go on a picnic if it (　　　) tomorrow.
　　ア is rain　　イ will rain　　ウ rains　　エ rained

2 2つの文がほぼ同じ意味を表すように（　　　）に適切な１語を入れなさい。(各5点)

❶ The question is too difficult for me to answer.
　The question is (　　　) difficult (　　　) I can't answer it.

❷ During my stay in Rome, I visited many historical places.
　(　　　) I was staying in Rome, I visited many historical places.

❸ If you don't go right now, you will be late for school.
　Go right now, (　　　) you will be late for school.

❹ I stayed home all day, for I had a bad cold.
　I had a bad cold, (　　　) I stayed home all day.

❺ This is a small step, but it is a very important one.
　(　　　) this is a small step, it is a very important one.

3 日本文に合うように（　　　　）内の語句を並べかえて英文を完成させなさい。(各5点)

❶ 私は彼にどこへ行くのかたずねました。
I asked (going / he / him / where / was).

❷ 私は彼が偉大な科学者になると確信しています。
I'm (become / sure / he / a / will / that) great scientist.

❸ あいにく来週は会議に出席できないと思います。
I'm (can't / meeting / I / the / afraid / attend) next week.

❹ 彼はギターだけでなくバイオリンもひくことができます。
He can play (also / only / the / not / but / guitar) the violin.

❺ 彼はいつも私に不可能なことは何もないと言います。
He (me / impossible / always / is / nothing / tells).

❻ 私には彼女がそのパーティーに来るかどうかわかりません。
I don't know (the party / she / to / will / if / come).

4 次の日本文を（　　　　）内の語をそのまま使って英語になおしなさい。(各5点)

❶ 私があなたを呼ぶまでここで待っていてください。(call)

❷ 彼女がなぜ泣いていたのかあなたは知っていますか。(crying)

❸ 空港に着いたらすぐに電話をください。(Please, soon, arrive)

❹ 私は子どもも大人も両方ともこの本を気に入ると思う。(adults, like)

整理ノート⓭

前置詞は句をつくりますが、接続詞は節をつくります。また疑問詞も節をつくることがあります。ここでその整理をしておきましょう。

●副詞節をつくる接続詞① 時

*副詞節はふつう、文の前にも後ろにもおける。

when	～するとき
	It was snowing when we arrived in Aomori.
	私たちが青森に着いたとき、雪がふっていた。
while	～するあいだに
	While I was staying in Tokyo, I went to see *Kabuki*.
	私は東京に滞在しているあいだに、歌舞伎を見にいった。
until	～するまで
	I'll wait here **until you come back**.
	あなたが帰ってくるまで私はここで待ちます。

▶before（～する前に）、after（～したあとで）、since（～して以来）なども同様に節をつくります。

●副詞節をつくる接続詞② 理由・条件など

because	～なので、なぜなら～〈理由〉
	I stayed home **because it was raining**.
	雨がふっていたので、私は家にいた。
if	もし～なら〈条件〉
	If it rains tomorrow, I will go to the movies.
	あした雨がふったら、私は映画を見にいく。
though	～だけれども
	Though it was raining, I went for a walk.
	雨がふっていたけれど、私は散歩に出かけた。

●名詞節をつくる接続詞・疑問詞

that	～ということ〈この that は接続詞〉
	I know **that he wants to study abroad**.
	彼が留学したがっていることを私は知っている。〈that は省略可能〉
what	何を～するか、何が～するか〈間接疑問〉
	I know **what he wants to do**.
	彼が何をしたいのか私は知っている。
where	どこへ〔で〕～するか〈間接疑問〉
	I don't know **where he lives**.
	彼がどこに住んでいるのか私は知らない。

▶ほかに、who（だれ）、whose（だれの）、which（どれ、どの）、when（いつ）、why（なぜ）、how（どうやって）、if（～かどうか）なども同じように名詞節（＝間接疑問）をつくります。

14 関係代名詞

節で表す（2）

例題 （　　　　）内の語を、**不要な 1 語をのぞいて**並べかえ、英文を完成させなさい。

① He is a man (keeps / promise / he / his / who).
　 彼は約束を守る男です。

② He is the man (respect / whom / I / him / the) most.
　 彼は私が最も尊敬する男の人です。

接続詞・疑問詞は、"副詞" や "名詞" のはたらきをする節をつくります。

では、"形容詞" のはたらきをする節をつくるものはあるのでしょうか。

もちろんあります。それが「関係代名詞」です。

関係代名詞の節は、名詞の後ろに "くっついて"、その名詞を修飾するのです。

例題①の文では、「約束を守る」という意味の節をつくり、

「男」を表す名詞（man）の後ろにくっつけます。

「約束を守る」を英語にすると、keep his promise で "主語" がありません。

それは、主語が "修飾される名詞自身"（＝「男」）だからです。

その主語を he としておぎなうと、he keeps his promise となります。

しかし、このままでは a man の後ろに "くっつける" ことはできません。

くっつけるためには、he を、関係代名詞の who に代える必要があります。

関係代名詞には、"くっつく" 作用があるからです。

例題②の文では、「私が最も尊敬する」という意味の節をつくります。

「私が最も尊敬する」を英語にすると、I respect the most で "目的語" がありません。

それは、目的語が "修飾される名詞自身"（＝「男」）だからです。

その目的語を him としておぎなうと、I respect him the most となります。

ただし、これを the man の後ろに "くっつける" ためには、

him を関係代名詞の whom に代え、その whom を節の先頭におく必要があります。

解答　① He is a man who keeps his promise.

　　　② He is the man whom I respect the most. 〈whom はしばしば省略される〉

1 日本語の意味に合うように、（　　　）の中に適切な1語を入れなさい。(各5点)

❶ Do you know anyone (　　　　) (　　　　) (　　　　) English?
だれか英語を話せる人を知っていますか。

➡ STEP 173

❷ The boy (　　　　) (　　　　) (　　　　) is Tom.
メアリーを愛している男の子はトムです。

➡ STEP 173

❸ The boy (　　　　) (　　　　) (　　　　) is John.
メアリーが愛している男の子はジョンです。

➡ STEP 174

❹ That is the man (　　　　) (　　　　) yesterday.
あれが私がきのう会った男の人です。

➡ STEP 174

❺ The teacher (　　　　) (　　　　) the best is Ms. Smith.
私がいちばん好きな先生はスミス先生です。

➡ STEP 174

❻ This is the book (　　　　) (　　　　) the prize.
これがその賞をとった本です。

➡ STEP 175

❼ I don't like dogs (　　　　) (　　　　) always barking.
私はいつもほえてばかりいる犬は好きではない。

➡ STEP 175

❽ This is the book (　　　　) (　　　　) (　　　　) yesterday.
これが私がきのう買った本です。

➡ STEP 176

❾ The movie (　　　　) (　　　　) last night was really exciting.
私がきのうの夜見た映画はすごくおもしろかった。

➡ STEP 176

❿ This is the cat (　　　　) (　　　　) (　　　　) two years ago.
これは2年前にあなたが私にくれたネコです。

➡ STEP 176

2 日本語の意味に合うように、（　　　）の中に適切な1語を入れなさい。(各5点)

❶ This is the song (　　　　) made him famous.
これが彼を有名にした歌です。
→ STEP 177

❷ Science is the only subject (　　　　) interests him.
理科は彼の興味をひくただ1つの科目です。
→ STEP 177

❸ All the people (　　　　) came enjoyed the show.
来たすべての人たちはそのショーを楽しんだ。
→ STEP 177

❹ I have a friend (　　　　) lives in Canada.
私にはカナダに住んでいる友人がいます。
→ STEP 178

❺ I have a friend (　　　　) (　　　　) lives in Canada.
私にはおじさんがカナダに住んでいる友人がいます。
→ STEP 178

❻ It is an exciting movie (　　　　) ending you can't guess.
それは結末が見当もつかないわくわくする映画です。
→ STEP 178

❼ The town (　　　　) we live (　　　　) is very large.
私たちが住んでいる町はとても大きい。
→ STEP 181

❽ The town (　　　　) (　　　　) we live is very large.
私たちが住んでいる町はとても大きい。
→ STEP 181

❾ This is the bike (　　　　) I have wanted.
これは私が（ずっと）ほしかった自転車です。
→ STEP 182

❿ This is (　　　　) I have wanted.
これは私が（ずっと）ほしかったものです。
→ STEP 182

1 次の英文の日本語訳を完成させなさい。（各5点）

❶ He is the man who wrote the book.

彼は〔　　　　　　　　　　〕人です。

❷ He is the man she is going to marry.

彼は〔　　　　　　　　　　　　　〕人です。

❸ He lives in a house which was built about 100 years ago.

彼は〔　　　　　　　　　　　　　〕家に住んでいます。

❹ She has lost the ring he gave her.

彼女は〔　　　　　　　　　　　　〕なくしてしまった。

❺ The only foreign country that I have visited is Canada.

私が〔　　　　　　　　　　　　　　　　　　〕カナダです。

2 次の英文の（　　　）の中から適切なものを選びなさい。（各5点）

❶ The month (who / which) comes after March is April.

3月のあとにくる月は4月です。

❷ Is there anyone (who / whom) wants to join us?

だれか私たちの仲間になりたい人はいませんか。

❸ I have a classmate (who / whose) brother is a musician.

私には、お兄さんがミュージシャンの同級生がいます。

❹ The world (in that / in which) we live is changing fast.

私たちが住む世界は急速に変化しています。

❺ Is this (which / what) you need?

これがあなたが必要としているものですか。

3 2つの文がほぼ同じ意味を表すように (   ) に適切な1語を入れなさい。(各5点)

❶ Our science teacher has a sense of humor.
The teacher (   ) (   ) us science has a sense of humor.

❷ The girl playing the piano is my sister.
The girl (   ) (   ) (   ) the piano is my sister.

❸ The book written by Tom became a best-seller.
The book (   ) (   ) (   ) by Tom became a best-seller.

❹ I have an uncle living in Australia.
I have an uncle (   ) (   ) in Australia.

❺ Do you remember the girl? We saw her last Sunday.
Do you remember the girl (   ) (   ) last Sunday?

4 次の英文には文法上の誤りがある。それを正しくなおした文を書きなさい。ただし、下線部はそのまま使いなさい。(各5点)

❶ The <u>books</u> I borrowed from Mary was very interesting.

_____

❷ She looked at the boy <u>was</u> playing tennis with Tom.

_____

❸ The <u>letter I</u> received it yesterday was from my aunt.

_____

❹ <u>These</u> are books that is popular at our library.

_____

❺ We must protect <u>people and things</u> who are important to us.

_____

113

実戦力テスト

☞ 別冊 解答と解説 55～56ページ

1 次の英文の（　　）に最も適するものをア～エから１つ選びなさい。（各5点）

❶ I have a book (　　　) tells us how to play chess.
ア it　　イ who　　ウ which　　エ what

❷ He is a jazz singer (　　　) is very popular in America.
ア he　　イ who　　ウ which　　エ what

❸ The shoes (　　　) wearing look expensive.
ア which　　イ which are　　ウ you　　エ you are

❹ The man she was (　　　) was a famous actor.
ア telling　　イ telling to　　ウ talking　　エ talking to

❺ The hotel (　　　) we stayed was very comfortable.
ア which　　イ what　　ウ at which　　エ for which

2 2つの文がほぼ同じ意味を表すように（　　）に適切な1語を入れなさい。（各5点）

❶ What is your favorite TV program?
What is the TV program (　　　) (　　　) the best?

❷ This is a photograph taken by John last week.
This is a photograph (　　　) (　　　) last week.

❸ She looked at a boy with blue eyes.
She looked at a boy (　　　) (　　　) blue eyes.

❹ Mr. Smith is the gentleman with white hair.
Mr. Smith is the gentleman (　　　) (　　　) is white.

❺ I have never seen such a beautiful sunset.
This is the most beautiful sunset (　　　) (　　　) ever seen.

3 日本文に合うように（　　　）内の語を並べかえて英文を完成させなさい。（各5点）

❶ この島に住む人びとはとても親切です。
The (live / who / island / on / people / this) are very friendly.

❷ あなたのために私にできることが何かありますか。
Is (do / I / for / there / can / anything) you?

❸ パリは私が訪れたいと思っている都市の1つです。
Paris is one of (to / that / want / cities / I / the) visit.

❹ これはその空港へ行くただ1つの列車です。
This is (train / to / only / goes / the / that) the airport.

❺ これは私が（ずっと）探していた本です。
This is the (I / looking / book / been / for / have).

❻ 実は、彼が言ったことは本当ではなかった。
In fact, (not / he / was / true / what / said).

4 次の日本文を（　　　）内の語を使って英語になおしなさい。（各5点）

❶ だれかギターをひける人を知りませんか。　(anyone)

❷ これはあなたがフランスで買ったバッグですか。　(France)

❸ 私は自分を楽しくしてくれる映画が好きです。　(happy)

❹ これは彼がいままでにつくった最高の映画です。　(ever)

●形容詞節①「人」を修飾する

who の節	〈who ＋動詞…〉：～する（人）
	He has an uncle **who lives in Canada**. 彼にはカナダに住んでいるおじがいます。
whom の節	〈whom ＋主語＋動詞…〉：S（主語）が～する（人）
	He has an uncle (**whom**) **he respects very much**. 彼には（彼が）とても尊敬しているおじがいます。

▶whom は節の中で動詞の目的語の役割をします。ただし、しばしば省略されます。

●形容詞節②「もの」を修飾する　　　　　　　＊「動物」もここにふくまれる。

which の節①	〈which ＋動詞…〉：～する（もの）
	This is the picture **which won the prize**. これがその賞をとった絵です。
which の節②	〈which ＋主語＋動詞…〉：S（主語）が～する（もの）
	This is the picture (**which**) **I like the best**. これが私がいちばん好きな絵です。

▶②の which は節の中で動詞の目的語の役割をします。ただし、しばしば省略されます。

●前置詞と関係代名詞

which の節③	〈which ＋主語＋動詞…前置詞〉：S（主語）が～する（もの）
	This is the house (**which**) **he lives in**. これが彼が住んでいる家です。〈which は省略可能〉

▶which は節の中で前置詞の目的語の役割をします。whom にも同じ用法があります。

●形容詞節③「もの・人」を修飾する

that の節①	〈that ＋動詞…〉：～する（もの・人）
	He was the first man **that landed on the moon**. 彼が月に降りたった最初の人です。
that の節②	〈that ＋主語＋動詞…〉：S（主語）が～する（もの・人）
	This is the best movie (**that**) **I've ever seen**. これは私がいままでに見た最高の映画です。〈that は省略可能〉
whose の節	〈whose ＋名詞＋動詞…〉：N（名詞）が～する（人・もの）
	I have a friend **whose father has a summer house there**. 私には父親がそこに別荘をもっている友人がいます。〈N ＝ father〉

▶先行詞に最上級の形容詞や the first, the only などがつくときは、しばしば that が使われます。

15 仮定法と発展学習

> **例題** 必要があれば（　　　）の中の動詞を適切な形に変えなさい。
>
> ① If I (live) near the sea, I (will) go to the beach every day.
> もしも海の近くに住んでいたら、私は毎日海辺へ行くだろうに。
>
> ② I wish I (can) fly like a bird.
> 鳥のように (空を) 飛べたらいいのになあ。

ここでは、「仮定法」という新しい表現法について学習します。

といっても、むずかしいものではなく、私たちが日常的に使う表現です。

いま車をもっていない人が、「車があったらいいのになあ」と言えば、

これは仮定法の表現、つまり "事実に反する仮定" をふくんだ表現なのです。

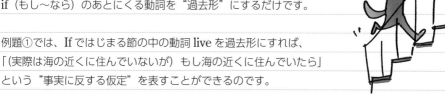

では、その "事実に反する仮定" を英語ではどのようにして表すのか、

というと、これもむずかしいことではありません。

if（もし〜なら）のあとにくる動詞を "過去形" にするだけです。

例題①では、If ではじまる節の中の動詞 live を過去形にすれば、

「(実際は海の近くに住んでいないが) もし海の近くに住んでいたら」

という "事実に反する仮定" を表すことができるのです。

また、仮定（もしも〜なら）に対する帰結（〜だろうに）を表すときも、

will（〜だろう、〜するつもりだ）ではなく、

will の過去形 would を使って、仮定にもとづいていることを表します。

助動詞の will は事実にもとづいた未来を表すからです。

例題②の文には if はありませんが、やはり仮定法の表現です。

I wish という決まった形のあとで動詞や助動詞の過去形を使うと、

事実に反する仮定を、願望（〜ならいいのに）として表現できるのです。

ここでは助動詞 can を過去形の could にして "事実に反する願望" を表します。

解答　① If I lived near the sea, I would go to the beach every day.

　　　② I wish I could fly like a bird.

1 日本語の意味に合うように、( ) の中に適切な1語を入れなさい。(各5点)

❶ If I ( ) a car, I ( ) drive you to the station.

もしも私が車をもっていたら、あなたを駅まで乗せていってあげるのだが。

→ STEP 183

❷ If he ( ) harder, he ( ) get a gold medal.

もしも彼がもっと熱心に練習したら、金メダルだって取れるのに。

→ STEP 183

❸ If I ( ) you, I ( ) accept the offer.

もしも私があなただったら、その申し出を受け入れるだろうに。

→ STEP 183

❹ If I ( ) play the guitar, I ( ) start a rock band.

もしも私がギターをひくことができたら、ロックバンドをはじめるだろうに。

→ STEP 183

❺ An ordinary person ( ) do such a thing.

ふつうの人は (=なら)、そんなことはしないだろう。

→ STEP 184

❻ ( ) only I ( ) wings!

私に翼がありさえしたら (=あったらなあ)。

→ STEP 185

❼ ( ) only he ( ) here with me.

彼がいっしょにここにいてくれさえしたら (=いてくれたらなあ)。

→ STEP 185

❽ I ( ) I ( ) my own room.

自分の部屋があったらいいのになあ。

→ STEP 186

❾ I ( ) I ( ) play soccer like him.

彼のようにサッカーをすることができたらいいのになあ。

→ STEP 186

❿ I ( ) there ( ) no nuclear weapons.

核兵器なんて (この世に) なかったらいいのに。

→ STEP 186

2 日本語の意味に合うように、（　　　）の中に適切な1語を入れなさい。(各5点)

❶ You are tired, (　　　　) you? — No, I'm not.

あなたはつかれていますよね。— いいえ、つかれていません。　→ STEP 187

❷ You play tennis, (　　　　) you? — Yes, I do.

あなたはテニスをしますよね。— はい、します。　→ STEP 188

❸ You aren't busy, (　　　　) you? — (　　　　), I am.

あなたはいそがしくないですよね。— いいえ、いそがしいです。　→ STEP 188

❹ He said that (　　　) (　　　) busy.

彼は「私はいそがしい」と言った。(同じ内容を表す英語に)　→ STEP 189

❺ He asked me (　　　) (　　　) (　　　) busy.

彼は私に「あなたはいそがしいですか」と言った。(同じ内容を表す英語に)　→ STEP 190

❻ I asked him (　　　) (　　　) (　　　) to do.

私は彼に「あなたは何がしたいのですか」と言った。(同じ内容を表す英語に)　→ STEP 190

❼ I saw her (　　　　) on the platform.

私は彼女がプラットホームに立っているのを見た。　→ STEP 191

❽ I heard my name (　　　　).

私は自分の名前が呼ばれるのを聞いた。　→ STEP 191

❾ I had him (　　　　) me around the town.

私は彼にその町のあちこちを案内してもらった。　→ STEP 192

❿ I had my bag (　　　　) on the train.

私は電車でバッグをぬすまれた。　→ STEP 192

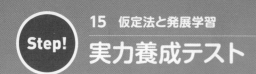
1 次の英文の（　　　）の中から適切なものを選びなさい。（各 5 点）

① If it (is / were) sunny today, I would go to the park.
もしもきょう晴れていたら、私は公園へ行くのに。

② If it (rains / rained) tomorrow, I won't go to the beach.
あした雨がふったら、私は海へは行きません。

③ If only I (have / had) another chance!
もう 1 度チャンスがあったらなあ。

④ I (will / would) like to visit the town again someday.
私はいつかまたその町を訪れたいです。

⑤ I hope you (can / could) make your dream come true.
あなたが夢を実現できるように願っています。

⑥ I wish I (can / could) live without worrying about money.
お金のことを心配しないで暮らせたらいいのになあ。

2 次の英文の（　　　）に最も適するものを下から選んで入れなさい。（各 5 点）

① Your sister gave a speech at the ceremony, (　　　) she?

② You didn't go to the party last night, (　　　) you?

③ You were not surprised at the news, (　　　) you?

④ Mr. Smith was a very good teacher, (　　　) he?

was,　　wasn't,　　were,　　weren't,　　did,　　didn't

3 次の英文の（　　）の中の動詞を必要があれば適切な形に変えなさい。(各5点)

❶ The movie made me (cry) a lot.
その映画は私をたくさん泣かせた (＝私はその映画にたくさん泣かされた)。

❷ I heard some birds (sing) in the forest.
私は森の中で鳥たちがさえずっているのを聞いた。

❸ He had his car (wash) at the gas station.
彼はガソリンスタンドで車を洗ってもらった。

❹ Please let me (know) what you think about it.
あなたがそれについてどう考えるか教えてください。

❺ I felt my arm (pull) back.
私は自分のうでが後ろに引っぱられるのを感じた。

❻ They had him (play) the part of a taxi driver.
彼らは彼にタクシー運転手の役を演じさせた。

4 2つの文がほぼ同じ意味を表すように（　　）に適切な1語を入れなさい。(各5点)

❶ I said to her, "I am very hungry."
I told her that (　　　) (　　　) very hungry.

❷ He said to me, "I agree with you."
He told me that (　　　) (　　　) with (　　　).

❸ He said to her, "Do you want to see the movie?"
He asked her (　　　) (　　　) (　　　) to see the movie.

❹ She said to me, "Where are you going?"
She asked me (　　　) (　　　) (　　　) going.

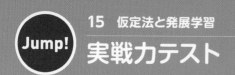
1 次の英文の（　　　）に最も適するものをア〜エから１つ選びなさい。(各5点)

❶ I wish he (　　　) alive now.
ア is　イ does　ウ were　エ did

❷ I saw him (　　　) toward the station.
ア walking　イ walked　ウ to walk　エ was walking

❸ If I had a ship, I (　　　) sail around the world.
ア may　イ will　ウ can　エ would

❹ I had my brother (　　　) with me.
ア come　イ came　ウ coming　エ to come

❺ She asked me (　　　) I wanted something to drink.
ア that　イ what　ウ which　エ if

❻ You can play the guitar, (　　　) you?
ア do　イ don't　ウ can　エ can't

2 次の英文には文法上の誤りがある。それを正しくなおした文を書きなさい。(各5点)

❶ If only I can go back to my childhood!

❷ She told me she is too tired to walk any more.

❸ You will help me with my homework, will you?

❹ You have no plans for tomorrow, don't you?

3 日本文に合うように（　　　　）内の語を並べかえて英文を完成させなさい。(各5点)

❶ 何をお飲みになりたいですか。── コーヒーをおねがいします。

What (drink / like / you / to / would)? — Coffee, please.

---

❷ 彼女はだれかが助けを求めてさけぶのを聞いた。

She (for / someone / help / heard / cry).

---

❸ 彼は私になぜそんなに怒っているのかとたずねた。

He asked (so / I / me / was / why / angry).

---

❹ もしもピアノをひくことができたら、私はあなたに歌をつくってあげるのだが。

(piano / could / if / the / I / play), I'd make a song for you.

---

❺ もしも水がなかったら、私たちは生きることはできない。

Without water, (able / would / to / we / be / not) live.

---

❻ 私は混雑した電車の中で足をふまれた。

I (my / on / in / had / stepped / foot) a crowded train.

---

4 次の日本文を（　　　　）内の語を使って英語になおしなさい。(各5点)

❶ 彼女のように歌うことができたらいいのになあ。(wish, like)

---

❷ 私はきのう髪を切ってもらいました。(hair)

---

❸ あなたはそのお祭りに行きましたよね。(festival)

---

❹ もしもあなたがお金持ちだったら、何をしますか。(rich)

整理ノート ⑮

ここでは、「仮定法」「使役動詞」「付加疑問」の3つについて、その基本的な表現の形と意味を整理・確認しておきましょう。

●仮定法の2つの形

動詞や助動詞の過去形を使って現在の事実に反する仮定や願望を表す。（仮定法過去）

if 節	もしも〜なら（現在の事実に反する仮定を表す） If he **were** alive, he **would** be 100 years old today. もしも彼が生きていたら、きょうで 100 歳になるのに。
I wish 〜	〜ならいいのになあ（非現実的な願望を表す） **I wish** he **were** alive. 彼が生きていたらいいのになあ。〈仮定法では be 動詞は were を使う〉

▶if節に対する帰結を表す部分では、助動詞willやcanの過去形wouldやcouldを使います。

●3つの使役動詞

make	〈make + A +原形動詞〉：A（目的語）に〜させる The teacher **made** him **tell** the truth. 先生は彼に本当のことを言わせた。
let	〈let + A +原形動詞〉：A（目的語）に〜させてあげる、〜させる The teacher **let** him **speak** freely. 先生は彼に自由にしゃべらせた。
have	〈have + A +原形動詞〉：A（目的語）に〜させる、〜してもらう The teacher **had** him **talk** about his dreams. 先生は彼に自分の夢について語らせた（＝語ってもらった）。

●haveと過去分詞

have	〈have + A +過去分詞〉A（目的語）を〜される、〜してもらう I **had** my bike **stolen**［**repaired**］. 私は自転車をぬすまれた〔なおしてもらった〕。

●付加疑問

肯定文には“否定形”の付加疑問を、否定文には“肯定形”の付加疑問をつけます。

You play tennis, **don't you**? あなたはテニスをしますよね。〈一般動詞〉	You don't play tennis, **do you**? あなたはテニスをしませんよね。〈一般動詞〉
She is a teacher, **isn't she**? 彼女は教師ですよね。〈be動詞〉	She isn't a teacher, **is she**? 彼女は教師ではないですよね。〈be動詞〉
You can swim, **can't you**? あなたは泳げますよね。〈助動詞〉	You can't swim, **can you**? あなたは泳げないんですよね。〈助動詞〉

▶付加疑問は、相手に“念をおす”ときや“同意を求める”ときに使います。

Challenge!

スーパーステップ中学英文法

総合テスト

（全4回）

- ●ここからは、高校入試で実際に出題された問題にチャレンジします。標準的な問題もありますが、むずかしいものもたくさんふくまれています。どれだけ文法力がついたかを試すのには最適です。
- ●高校入試では、文法問題の割合は多くありません。ですから、ここで入試問題に挑戦するのは、文法問題対策のためというよりは、読解力や表現力の土台としての文法力をきたえるためです。
- ●ここに収録された80問には、中学の中～上級レベルの英文法が凝縮されています。これらの問題をやってみることで、さまざまな角度から自分の文法力をチェックすることができるでしょう。
- ●最初からよい点が取れなくても気にする必要はありません。力だめしだと思って、ぜひチャレンジしてみてください。

1 次の英文の（　　　　）に最も適するものをア〜エから1つ選びなさい。（各5点）

❶ I really enjoyed (　　　　) with her at the party.
　ア　talk　イ　to talk　ウ　talked　エ　talking
〈青雲高〉

❷ The World Cup (　　　　) once every four years.
　ア　is held　イ　held　ウ　holds　エ　is holding
〈中央大杉並高〉

❸ Please stay in the room (　　　) she comes back.
　ア　until　イ　since　ウ　during　エ　for
〈関西学院高等部〉

❹ It is still raining hard. (　　　) okay to stay here a little longer?
　ア　Am I　イ　Can I　ウ　Is it　エ　Is there
〈駿台甲府高〉

❺ My mother doesn't like dogs, so she won't (　　　) us have one.
　ア　enjoy　イ　say　ウ　let　エ　know
〈函館ラ・サール高〉

2 2つの文がほぼ同じ意味を表すように（　　　　）に適切な1語を入れなさい。（各5点）

❶ When was Horyuji Temple built?
　(　　　) (　　　) is Horyuji Temple?
〈城北高〉

❷ He went to Australia and he isn't here now.
　He (　　　) (　　　) to Australia.
〈実践学園高〉

❸ You may cut yourself if you are not careful.
　(　　　) careful, (　　　) you may cut yourself.
〈慶應義塾高〉

❹ I have lived in this city for fifteen years.
　Fifteen years (　　　), I started to live in this city.
〈青山学院高等部〉

❺ Ken can't play the flute.
　Ken doesn't know (　　　) (　　　) (　　　) the flute.
〈法政大第二高〉

3 日本文に合うように（　　　　）内の語句を並べかえて英文を完成させなさい。(各5点)

❶ 何か面白い読み物を持っていませんか。

(to / have / interesting / read / do you / anything)?

〈函館ラ・サール高〉

❷ 今夜はあなたが一緒にいてくれてうれしい。

We (are / happy / have / to / with / you) us this evening.

〈広島大附高〉

❸ これは私のおじさんが私にプレゼントとしてくれた本です。

This (the book / my uncle / is / which / me / gave) as a present.

〈函館ラ・サール高〉

❹ アリスは全員の中で一番上手にスペイン語を話せた。

Alice (Spanish / all / was / to / of / able / best / speak).

〈実践学園高〉

❺ どの本を読んだらいいか私に教えてくれませんか?

(should / you / book / tell / will / I / read / me / which)?

〈東海高〉

❻ 彼女は日本で最も有名な芸術家の1人になった。

She (the / famous / became / artists / of / one / most) in Japan.

〈実践学園高〉

4 次の日本文を（　　　　）内の指示にしたがって英語になおしなさい。(各5点)

❶ 昨日彼女に電話するのを忘れた。(I で始めて)

〈城北高〉

❷ 彼女は2年前からの知り合いだ。(I で始めて7語で)

〈城北高〉

❸ あなたがその絵を気に入ってくれてうれしいです。(glad を用いること)

〈法政大第二高〉

❹ 明日もし晴れたら、その公園の中を散歩しましょう。(If で始めて、文中で take を用いること)

〈法政大第二高〉

1 次の英文の（　　　）に最も適するものをア〜エから１つ選びなさい。(各5点)

❶ You should go home before it (　　　).
　　ア　will rain　イ　won't rain　ウ　rains　エ　is raining

❷ Our teacher told us (　　　) English harder than before.
　　ア　study　イ　studying　ウ　studied　エ　to study

❸ I learned how to drive (　　　) I was in the U.S.
　　ア　if　イ　during　ウ　while　エ　whether

❹ (　　　) is it from Sendai to Tokyo?
　　ア　What long　イ　What distance　ウ　How long　エ　How far

❺ Ken drank a whole bottle of soda, (　　　) he?
　　ア　did　イ　didn't　ウ　will　エ　was

2 2つの文がほぼ同じ意味を表すように（　　　）に適切な1語を入れなさい。(各5点)

❶ Do you know Mr. White's address?
Do you know (　　　) Mr. White (　　　)?

❷ They sell vegetables at the market.
Vegetables (　　　) (　　　) at the market.

❸ The boy with blue eyes is from Australia.
The boy (　　　) (　　　) blue eyes is from Australia.

❹ She felt sad because his manners were bad.
His bad manners (　　　) (　　　) sad.

❺ My pride did not allow me to accept the money.
I was (　　　) (　　　) to accept the money.

3 日本文に合うように（　　　　　）内の語句を並べかえて英文を完成させなさい。(各5点)

❶ 庭を走っているあの犬は鈴木さんの犬です。
(running / dog / is / the garden / in / Mr. Suzuki's / that).

〈実践学園高〉

❷ 少し歩くと美術館に着きました。
(to / a / the art museum / walk / me / brought / short).

〈青雲高〉

❸ その島がどういうところか教えてください。
(like / me / the island / please tell / is / what).

〈函館ラ・サール高〉

❹ 昨夜、彼はなんて不思議なメールを私に送ってきたのだろう。
(e-mail / sent / mysterious / me / what / he / a) last night!

〈明治大付中野高〉

❺ あなたは、カナダへ何回行ったことがありますか。
(Canada / many / you / been / have / to / times / how)?

〈実践学園高〉

❻ 今年は去年ほど雨が降りませんでした。
We (this year / as / have / rain / as / much / didn't / last year).

〈久留米大附設高〉

4 （　　　　）内の語句を並べかえて対話文を完成させなさい。(各5点)

❶ A : How many (does / fly / hours / it / take / to) to Australia?
B : About eight hours.

〈国立高専〉

❷ A : How long have you used this bag?
B : I've (I / it / since / started / used / working) five years ago.

〈国立高専〉

❸ A : (Mr. Yamada / you / looks / why / do / very tired / know)?
B : I'm not sure, but I think he has been very busy.

〈大阪教育大附高（平野）・改〉

❹ A : What is the most important thing in your life, Peter?
B : (is / than / important / family / nothing / more) for me.

〈関西学院高等部〉

129

1 次の対話文の（　　　）に最も適するものをア〜エから1つ選びなさい。(各5点)

❶ A : Dinner is ready.
　 B : Okay, mom. I'm (　　　).
　 ア　going　イ　coming　ウ　leaving　エ　seeing 〈東海高〉

❷ A : I don't know (　　　) to buy for Michiko's birthday present.
　 B : Why don't you buy some flowers?
　 ア　who　イ　what　ウ　when　エ　where 〈沖縄県〉

❸ A : How long did you stay at the party last night?
　 B : (　　　) midnight.
　 ア　Until　イ　Since　ウ　By　エ　From 〈中央大杉並高〉

❹ A : Do you have anything to write (　　　)? I forgot my pencil.
　 B : Sure. Is a blue pen OK?
　 ア　with　イ　on　ウ　about　エ　to 〈明治大付中野高・改〉

❺ A : Hurry up, Emma, or we'll miss the bus!
　 B : Don't worry. I'll be ready (　　　) a few minutes.
　 ア　after　イ　before　ウ　for　エ　in 〈函館ラ・サール高〉

2 次の英文には誤りがある。それを正しくなおした文を書きなさい。(各5点)

❶ The building seeing over there is our school.

〈開成高・改〉

❷ When has Susan returned from her long journey?

〈慶應義塾志木高・改〉

❸ I have two pens. One is black and another is blue.

〈函館ラ・サール高・改〉

❹ I have lost my watch and I must buy a new it.

〈開成高・改〉

❺ *Titanic* is one of the greatest movie that I have ever seen.

〈灘高・改〉

3 2つの文がほぼ同じ意味を表すように（　　　）に適切な1語を入れなさい。(各5点)

❶ I would like to know when he will come home.
Please ( ) me know when he will come home.
〈愛光高〉

❷ Paul is the tallest student in his class.
Paul is ( ) than ( ) other student in his class.
〈実践学園高〉

❸ This is going to be Yumi's first visit to New Zealand.
Yumi ( ) never ( ) to New Zealand.
〈法政大第二高〉

❹ Why did you do such a silly thing?
( ) ( ) you do such a silly thing?
〈開成高〉

❺ Most students in my class cannot play the violin.
( ) ( ) in my class can play the violin.
〈城北高〉

❻ He said to me, "I have nothing to do with the crime."
He told me that ( ) ( ) nothing to do with the crime.
〈慶應義塾志木高〉

4 （　　　）内の語句に1語補って並べかえ、英文を完成させなさい。(各5点)

❶ 人生はやらなければならないことだらけだ。
(need / things / do / filled / we / lives / to / our / are).
〈城北高〉

❷ Paul は子供の頃から吹奏楽部に入っている。
Paul (a member / the brass band / has / since / of) childhood.
〈ラ・サール高・改〉

❸ 努力せずに、君は夢を実現させることはできない。
You (come / cannot / your dream / make / true) making efforts.
〈愛光高〉

❹ 彼らはジャックの何倍ものお金を稼ぐ。
(money / Jack / they / make / much / many / as / as) does.
〈久留米大附設高・改〉

1 2つの文がほぼ同じ意味を表すように（　　　）に適切な1語を入れなさい。(各5点)

❶ What shall I bring for tomorrow's party?
What do you (　　　) me to bring for tomorrow's party?

〈愛光高〉

❷ We easily won the race.
It was easy (　　　) (　　　) (　　　) (　　　) the race.

〈法政大第二高〉

❸ This is the best movie that I have ever seen.
I have (　　　) (　　　) such a good movie.

〈慶應義塾志木高〉

❹ Show me the thing you have in your hands.
Show me (　　　) (　　　) have in your hands.

〈実践学園高〉

❺ The bellboy carried my baggage.
I (　　　) my baggage (　　　) by the bellboy.

〈慶應義塾高〉

❻ The man suddenly said, "Are you by yourself, Nick?"
The man suddenly asked Nick (　　　) he was by (　　　).

〈開成高〉

2 次の英文には誤りがある。それを正しくなおした文を書きなさい。(各5点)

❶ Please remember taking your coat when you go out.

〈函館ラ・サール高・改〉

❷ Excuse me, but may I ask you how can I get to the nearest station?

〈豊島岡女子学園高・改〉

❸ The woman you met her yesterday is our math teacher.

〈灘高・改〉

❹ I didn't understand what she is saying in her speech.

〈慶應義塾高・改〉

3 日本文に合うように（　　　）内の語句を並べかえて英文を完成させなさい。(各5点)

❶ 私がもう一度訪れたい国はスイスです。
The country (I / to / which / is / want / visit / again) Switzerland.

〈実践学園高〉

❷ 父は自分の代わりに買い物に行ってくれないかと私に頼んだ。
(for / shopping / my father / go / to / asked / me) him.

〈慶應義塾志木高〉

❸ 彼女の父は強風で壊れた窓を修理した。
Her father (broken / the / by / the strong wind / repaired / window).

〈立教新座高・改〉

❹ この瓶を開けるものを探しています。
I'm (open / for / this bottle / something / looking / to / with).

〈青雲高〉

❺ その仕事のおかげで、彼女はフランス語が大変上手に話せるようになりました。
The job (speaker / a / her / French / good / made / very / of).

〈城北高・改〉

❻ ルーシーは、けんかで耳にひどいけがを負った猫の面倒を見ていた。
Lucy was (ears / taking / badly damaged / of / whose / care / were / a cat) in a fight.

〈明治大付中野高〉

4 次の日本文を英語になおしなさい。(各5点)

❶ あなたたちはいつから友だちなんですか。

〈城北高〉

❷ 終電に間に合うように、私は駅まで全力で走った。

〈西大和学園高〉

❸ 君は君自身でいることにいつも誇りを持つべきだ。

〈愛光高〉

❹ 5年前に僕が植えた木が僕の背丈と同じくらいだよ。

〈筑波大附高〉

133

付 録　変化形のつくり方

英語力を身につけるうえで、語形変化はさけて通れません。不規則に変化するものは少しずつおぼえていくほかありませんが、基本的なルールは早めにおぼえてしまいましょう。

1 名詞の複数形

●ふつうは語尾に **-s** をつけて複数形にします。以下はそれ以外の場合です。

語　尾	-s, -es のつけ方	例
ch, sh, s, x	-es	dish ⇒ dishes　/　bus ⇒ buses　/　box ⇒ boxes
子音字＋y	y ⇒ ies	city ⇒ cities　/　story ⇒ stories
o	-s または -es	piano ⇒ pianos　/　potato ⇒ potatoes
f, fe	-s	roof ⇒ roofs　/　chief ⇒ chiefs
	f, fe ⇒ ves	leaf ⇒ leaves　/　knife ⇒ knives　/　life ⇒ lives
不規則に変化するもの		child ⇒ children　/　man ⇒ men
単数形と複数形が同じもの		sheep ⇒ sheep　/　Japanese ⇒ Japanese

2 人称代名詞・所有代名詞・再帰代名詞

数	人　称	主格	所有格	目的格	所有代名詞	再帰代名詞
単数	1人称	I	my	me	mine	myself
	2人称	you	your	you	yours	yourself
	3人称	he	his	him	his	himself
		she	her	her	hers	herself
		it	its	it	–	itself
複数	1人称	we	our	us	ours	ourselves
	2人称	you	your	you	yours	yourselves
	3人称	they	their	them	theirs	themselves

3 形容詞・副詞の比較級・最上級

●ふつうは語尾に **-er, -est** をつけて比較級・最上級にします。以下はそれ以外の場合です。

語　尾	-er, -est のつけ方	例	
発音しないe	-r, -st	large ⇒ larger ⇒ largest	
子音字＋y	y ⇒ ier ⇒ iest	early ⇒ earlier ⇒ earliest	
短母音＋1子音字	子音字を重ねて -er, -est	big ⇒ bigger ⇒ biggest	
不規則に変化するもの	good, well ⇒ better ⇒ best	bad ⇒ worse ⇒ worst	
	many, much ⇒ more ⇒ most	little ⇒ less ⇒ least	

▶なお、比較的つづりの長い形容詞や副詞は、前に more と most をおいて比較級・最上級にします。

4 一般動詞の3人称・単数・現在形

●ふつうは語尾に **-s** をつけて3人称・単数・現在形にします。以下はそれ以外の場合です。

語　尾	-s, -es のつけ方	例
ch, sh, s, x, o	-es	teach ⇒ teaches / wash ⇒ washes / go ⇒ goes
子音字+ **y**	y ⇒ ies	cry ⇒ cries / study ⇒ studies
不規則に変化するもの（**have** のみ）		have ⇒ has

5 一般動詞の ing 形

●ふつうは語尾に **-ing** をつけて現在分詞や動名詞にします。以下はそれ以外の場合です。

語　尾	-ing のつけ方	例
発音しない **e**	e をとって -ing	come ⇒ coming
アクセントのある短母音＋1子音字	子音字を重ねて -ing	swim ⇒ swimming
ie	ie ⇒ ying	lie ⇒ lying

▶ fish（釣りをする）のように〈短母音＋2子音字〉の場合は、単に -ing をつけるだけです。

6 一般動詞の過去形・過去分詞①

●規則的に変化する動詞は、ふつう語尾に **-ed** をつけます。以下はそれ以外の場合です。

語　尾	-ed のつけ方	例
発音しない **e**	-d	live ⇒ lived
子音字＋ **y**	y を i に変えて -ed	study ⇒ studied
アクセントのある短母音＋1子音字	子音字を重ねて -ed	stop ⇒ stopped

7 一般動詞の過去形・過去分詞② 不規則に変化する動詞

型		原形	過去形	過去分詞
ABC 型	原形・過去形・過去分詞の形がすべて異なる	go	went	gone
		see	saw	seen
		take	took	taken
ABB 型	過去形と過去分詞の形が同じ	meet	met	met
		send	sent	sent
		make	made	made
ABA 型	原形と過去分詞の形が同じ	come	came	come
		run	ran	run
AAA 型	原形・過去形・過去分詞の形が同じ	cut	cut	cut
		put	put	put

▶これらはほんの一部です。4つの型の中で多く見られるのは ABC 型と ABB 型です。

整理ノート ⑯

第1章から第15章までの整理ノートであつかえなかった「否定」にかんする表現について、ここで補足しておきましょう。

●さまざまな否定表現

not を使う	一般動詞の前に don't などをおく。be 動詞・助動詞のあとに not をおく。 He does**n't** play video games. 彼はテレビゲームをしない。〈doesn't = does not〉
副詞を使う	副詞の never（けっして…ない）、seldom（めったに…ない）などを使う。 He **never**［**seldom**］plays video games. 彼はけっして〔めったに〕テレビゲームをしない。
形容詞を使う	形容詞の no（少しもない）や few, little（ほとんどない）を使う。 She has **no**［**little**］interest in fashion. 彼女は流行にはぜんぜん〔ほとんど〕興味がない。
代名詞を使う	代名詞の no one, nobody（だれも…ない）や nothing（何も…ない）を使う。 **No one** lives in that house. あの家にはだれも住んでいない。

▶ このように、否定の意味を表す文は、notを使ったもの以外にもさまざまなものがあります。

●部分否定と全部否定

部分否定	「すべて～というわけではない」のように、部分を否定する言い方。 Our dreams do**n't always** come true. 私たちの夢はいつも実現するとはかぎらない。〈not + always：部分否定〉
全部否定	「まったく～ない」のように、全部を否定する言い方。全否定。 I do**n't** have **any** information about it. 私はそれについてまったく情報をもっていない。〈not + any：全部否定〉

▶〈not + every〉〈not + all〉などは部分否定を、never や no は全部否定を表します。

スーパーステップ 中学英文法問題集

2021年2月　第1版第1刷発行	発 行 人	志村 直人	
2024年7月　第1版第7刷発行	発 行 所	株式会社くもん出版	

〒141-8488 東京都品川区東五反田2-10-2
東五反田スクエア11F

カバーイラスト	小幡彩貴	電話　編集直通	03（6836）0317
本文イラスト	大沢純子	営業直通	03（6836）0305
装丁	佐々木一博（GLIP）	代表	03（6836）0301
デザイン・DTP	佐々木一博（GLIP）	https://www.kumonshuppan.com/	
英文校閲	Kathryn Oghigian		
編集協力	高塚俊文	印刷・製本	大日本印刷株式会社

公文式教室では、
随時入会を受けつけています。

KUMONは、一人ひとりの力に合わせた教材で、
日本を含めた世界60を超える国と地域に「学び」を届けています。
自学自習の学習法で「自分でできた!」の自信を育みます。

公文式独自の教材と、経験豊かな指導者の適切な指導で、
お子さまの学力・能力をさらに伸ばします。

お近くの教室や公文式
についてのお問い合わせは

ミン　ナ　ニ　　　ヒャクテン
0120-372-100

受付時間 9：30～17：30　月～金（祝日除く）

教室に通えない場合、通信で学習することができます。

公文式通信学習　　検 索

通信学習についての
詳細は
0120-393-373

受付時間 10：00～17：00　月～金（水・祝日除く）

お近くの教室を検索できます　　くもんいくもん　検 索

公文式教室の先生になることに
ついてのお問い合わせは
0120-834-414
くもんの先生　検 索

　公文教育研究会

公文教育研究会ホームページアドレス
https://www.kumon.ne.jp/

	名詞表現		

	名詞：人や事物を表す		
単語で表す	My **father** is a **teacher**. He teaches **science**.		
	私の父は先生です。彼は理科を教えています。		
	動名詞（〜 ing）：「〜すること」		
	We enjoyed **playing games together**.		
	私たちはいっしょにゲームをすることを楽しんだ。		
	不定詞（to 〜）：「〜すること」		
句で表す	He decided **to join the baseball team**.		
	彼はその野球チームに入ることを決めた。		
	不定詞は形式主語の it といっしょに使うこともある。		
	It is difficult **to learn a foreign language**.		
	外国語を習得することはむずかしい。〈It = to learn 〜〉		
	that の節（that ＋主語＋動詞…）：「〜ということ」		
	I know **that he is an honest man**.		
節で表す	私は彼が正直な人だということ知っている。		
	間接疑問：「何か…か」「だれが…か」「いつ…か」など		
	I don't know **where he lives**.		
	私は彼がどこに住んでいるのか知りません。		

	副詞表現		

	副詞：時・場所・様態・程度・頻度などを表す		
単語で表す	She **always** talks **very fast**.		
	彼女はいつもとても速く話す。〈頻度・程度・様態〉		
	前置詞の句（前置詞＋名詞）		
	She played tennis **with her friends**.		
	彼女は友人たちとテニスをした。		
	不定詞（to 〜）：「〜するために」（目的）		
句で表す	We went to the beach **to watch the sunset**.		
	私たちは日の入りをながめるために浜辺へ行った。		
	不定詞（to 〜）：「〜して」（感情の原因）		
	I was happy **to see him again**.		
	私は彼と再会できてうれしかった。		
	接続詞の節（接続詞＋主語＋動詞…）：時を表す		
	My sister was born **when I was three**.		
節で表す	妹は私が3歳だったときに生まれた。		
	接続詞の節（接続詞＋主語＋動詞…）：理由・条件などを表す		
	I stayed home **because it was raining hard**.		
	雨がはげしくふっていたので、私は家にいた。		

スーパーステップ中学英文法
問題集

解答と解説

ーー KUM◯N ーー

1
文のしくみ

Hop! 基礎確認テスト ……… p.6-7

1 ❶ fly ❷ live ❸ know ❹ am
❺ are ❻ is ❼ runs ❽ has
❾ brother, tennis ❿ girl, singer

解説

〈主語＋動詞〉ではじまるのが英語の文の基本形です。動詞のあとに「目的語」(〜を) がつくこともあります。
❶主語が Birds (鳥たちは) で、動詞が fly (飛ぶ) の文にする。
❷主語が I (私は) で、動詞が live (住んでいる) の文にする。そのあとの here (ここに)は、目的語ではなくて副詞。
❸主語が I (私は) で、動詞が know (知っている) の文にする。know には目的語の Tom (トムを)がついている。

動詞の中には「be動詞」という特別な動詞があります。be動詞のあとにはふつう「補語」(＝主語を説明することば) がきます。be動詞は主語によって形が変わります。
❹主語が I (私は) なので、be動詞は am (〜である) にする。
❺主語が You (あなたは) なので、be動詞は are (〜である) にする。
❻主語が He (彼は) なので、be動詞は is (〜である) にする。

一般動詞は、主語が「3人称 (私・あなた以外の人やもの)」で「単数 (1人・1つ)」のとき、形が変化します。ふつうは語尾に -s がつきます。
❼主語の He (彼は) は3人称 (私・あなた以外)で単数 (1人) なので、動詞の run の語尾に -s をつける。
❽主語の She (彼女は) は3人称で単数なので、動詞の have を has にする。これは特殊な変化。

「名詞」は文の中で、「主語」「目的語」「補語」になるなど、重要な役割をします。
❾名詞の brother (兄) が主語で、同じく名詞の tennis (テニス) が目的語の文。
❿名詞の girl (少女) が主語で、同じく名詞の singer (歌手) が補語の文。

2 ❶ It ❷ I, me ❸ kind, girl
❹ is, kind ❺ well ❻ very
❼ doesn't, play ❽ is, not
❾ Do, you, like, don't
❿ Are, you, are

解説

英語ではふつう、同じ名詞をくり返す代わりに「代名詞」を使います。
❶動物 (ここでは a cat) に対しては、代名詞はふつう it を使う。
❷代名詞は、主語として使うときと目的語として使うときでは、形が異なることが多い。「私は」は I だが、「私を」は me となる。

形容詞には、〈形容詞＋名詞〉の形で名詞を修飾する用法と、〈主語＋ be動詞＋形容詞〉の形で主語を説明する用法があります。
❸〈形容詞 (kind) ＋名詞 (girl)〉の形にする。この形のときは、a は形容詞の前におく。
❹〈主語(She) ＋ be動詞(is) ＋形容詞(kind)〉の形にする。この形容詞は補語。

副詞の多くは、動詞を修飾してさまざまな意味 (いつ、どこで、どんなふうに) を表します。また、形容詞や副詞を修飾する副詞もあります。
❺「よく知っている」の「よく」を副詞の well

1

で表す。動詞の know を修飾。

❻「とてもいい」の「とても」を副詞の very で表す。形容詞の nice を修飾。

否定文のつくり方：一般動詞では、動詞の前に don't や doesn't をおき、be動詞では、be動詞のあとに not をおきます。

❼〈doesn't ＋一般動詞（play）〉の形にする。主語が3人称で単数のときは doesn't を使う。doesn't のあとの動詞は原形。

❽主語が He なので、be動詞は is にする。否定文なので、そのあとに not をおく。なお、is not は isn't という短縮形にできる。

疑問文のつくり方：一般動詞では、〈Do〔Does〕＋主語＋動詞…?〉の形にし、be動詞では、〈Be動詞＋主語…?〉の形にします。

❾一般動詞の疑問文。〈Do ＋主語（you）＋動詞（like）…?〉の形にする。答えの文は否定なので、No, I don't. とする。

❿be動詞の疑問文。〈Be動詞（Are）＋主語（you）…?〉の形にする。答えの文は肯定なので、Yes, we are. とする。

Step! 実力養成テスト ……………… p.8-9

1 ❶ am sleepy ❷ sleep ❸ are busy ❹ know

【解説】

一般動詞の文と be動詞の文のちがい、また動詞と形容詞の文の中での役割のちがいを、ここでしっかりと確認しましょう。

❶ sleepy は形容詞なので、〈主語＋ be動詞＋補語（形容詞）〉の形の文にする。now は副詞。

❷ sleep は動詞なので、〈主語＋動詞（sleep）…〉の形の文にする。well は副詞。

❸ busy は形容詞なので、〈主語＋ be動詞＋補語（形容詞）〉の形の文にする。today は副詞。

❹ know は動詞なので、〈主語＋動詞（know）…〉の形の文にする。well は副詞。

2 ❶ is ❷ am ❸ are ❹ are ❺ is ❻ are

【解説】

be動詞は、主語の人称と数によって正しく使い分けなくてはなりません。

❶主語の Emily は3人称・単数なので、be動詞は is にする。

❷主語の I は1人称・単数なので、be動詞は am にする。

❸この文の主語は Emily and I。主語が複数のときは、be動詞は are にする。

❹主語の They は3人称・複数なので、be動詞は are にする。

❺この文の主語 Your dog は3人称・単数なので、be動詞は is にする。

❻「（1足の）くつ」を表す shoes は複数。主語の Your shoes が複数なので、be動詞は are にする。

3 ❶ plays ❷ love ❸ studies ❹ has ❺ teaches

【解説】

主語が3人称で単数のとき、一般動詞は形が変化するので注意しましょう。

❶主語の My brother（私の兄）は3人称・単数なので、play を plays とする。

❷主語の His parents（彼の両親）は3人称だが複数なので、love はそのまま。

❸主語の She は3人称・単数なので、study を studies とする。語尾が〈子音字＋ y〉の動詞は、y を i に変えて -es をつける。

❹主語の This house（この家）は3人称・単数なので、have を has にする。

❺主語の Mr. Smith（スミス先生）は3人称・

単数なので、teach を teaches にする。語尾が ch の動詞は -es をつける。

4 ❶ This book is useful.
❷ We study English hard.
❸ Mr. Smith is a good teacher.
❹ That man is very rich.
❺ She is not my classmate.

解説

名詞、形容詞、副詞などの品詞が、文の中でどのような位置におかれ、どのようなはたらきをするかをしっかり確認しましょう。

❶ book (本) は名詞。This book (この本) として、文の主語にする。
❷ hard (一生けんめいに、熱心に) は副詞。〈動詞 (study) ＋目的語 (English)〉のあとにおく。動詞を修飾。
❸ good (よい) は形容詞。名詞の teacher (先生) の前におく。名詞を修飾。
❹ very (とても) は副詞。形容詞の rich (金持ちの) の前におく。形容詞を修飾。
❺ be動詞の文では、否定を表す not は be動詞のあとにおく。

Jump! 実戦力テスト ……… p.10-11

1 ❶ウ ❷イ ❸ウ ❹エ ❺ア

解説

❶「これは私の本です。それ (＝その本) はとてもおもしろいです」：前に出た名詞はふつう代名詞で表す。空所には「それは」を意味する代名詞 It を入れる。
❷「エミはすてきな女の子です。私たちは彼女が大好きです」：空所には目的格の (＝目的語になる) 人称代名詞が入る。女性の3人称・単数・目的格の人称代名詞は her。
❸「トムとジョンは親友です。彼らはサッカー

が好きです」：空所には主格の (＝主語になる) 人称代名詞が入る。主語は3人称・複数なので人称代名詞 They を入れる。
❹「ベティーはネコが好きではありません」：ここは一般動詞 (like) の否定文にする。主語が3人称・単数なので、〈主語＋ doesn't ＋動詞 (原形) …〉の形にする。
❺「あなたのお母さんは教師ですか」：ここは be動詞の疑問文にする。主語 (your mother) が3人称・単数なので、〈Is ＋主語 …?〉の形にする。

2 ❶ My father goes to work early.
❷ This is a good movie.
❸ He doesn't play the guitar.
❹ Her voice is very beautiful.
❺ Are you busy this afternoon?

解説

❶「私の父は朝早く仕事に行きます」：主語の My father (私の父) は3人称・単数なので、動詞の go は goes にする。
❷「これはよい映画です」：名詞の movie が補語になっている文。その名詞を形容詞の good が修飾している。このような場合、名詞の前につける a (1つの) を、形容詞の前におく。
❸「彼はギターをひきません」：主語の He は3人称・単数だが、doesn't のあとにくる動詞は原形となるため、-s はつかない。
❹「彼女の声はとても美しい」：形容詞の beautiful が補語になっている文 (その形容詞を副詞の very が修飾している)。補語となる形容詞には「1つの」を意味する a はつけない。
❺「きょうの午後あなたはいそがしいですか」：busy (いそがしい) は形容詞なので、you を主語にした疑問文は〈Do you ＋動詞…?〉ではなく、〈Are you ＋補語 (形容詞) …?〉の

形にする。

3 ❶ That man is very kind.
❷ Kyoto is a very beautiful town.
❸ My brother runs very fast.
❹ My sister speaks English well.
❺ The weather is not good today.
❻ Is your father a baseball player?

解説

文を組み立てる問題では、文の要（かなめ）となる動詞に注目します。その動詞が一般動詞かbe動詞かで、文の骨組みとなる〈主語＋動詞…〉の形が決まってきます。

❶あたえられた語の中にisがあることから、文の骨組みはThat man is ～（あの男の人は～だ）だとわかる。
残りの単語でisのあとにくる補語（very kind）をつくる。

❷あたえられた語の中にisがあることから、文の骨組みはKyoto is ～（京都は～だ）だとわかる。
残りの単語でisのあとにくる補語（a very beautiful town）をつくる。

❸あたえられた語の中にrunsがあることから、文の骨組みはMy brother runs ～（私の弟は～走る）だとわかる。
残りの単語は2つとも副詞。副詞のvery（とても）が副詞のfast（速く）を修飾する形にする。

❹あたえられた語の中にspeaksがあることから、文の骨組みはMy sister speaks ～（私の姉は～を話す）だとわかる。
残りの単語を〈目的語（English）＋副詞（well）〉の順に並べて文を完成させる。

❺あたえられた語の中にisがあり、否定文であることから、文の骨組みはThe weather is not ～（天気は～ではない）だとわかる。
残りの単語を〈補語（good）＋副詞（today）〉

の順に並べて文を完成させる。

❻あたえられた語の中にisがあり、疑問文であることから、文の骨組みはIs your father ～？（あなたのお父さんは～ですか）だとわかる。残りの単語で補語（a baseball player）をつくる。

4 ❶ This is a wonderful story.
❷ My mother is a good cook.
❸ She doesn't live in this town.
❹ Does her father teach English?

解説

❶「この物語はすばらしい」⇒「これはすばらしい物語だ」：もとの文では主語だった名詞のstoryを、補語にして書きかえる。
wonderful storyの前にaをつけることも忘れないように。

❷「私の母はじょうずに料理をする」⇒「私の母はじょうずな料理人です」：一般動詞の文をbe動詞の文に書きかえる。
動詞のcook（料理する）の意味は、名詞のcook（料理人、料理をする人）を使って表し、副詞のwell（じょうずに）の意味は、形容詞のgood（じょうずな）を使って表す。

❸「彼女はこの町に住んでいる」⇒「彼女はこの町に住んでいない」：一般動詞の否定文の形にする。
主語（She）が3人称・単数なので、動詞の前にdoesn'tをおく。そして、そのあとの動詞を原形（live）にする。

❹「彼女のお父さんは英語を教えている」⇒「彼女のお父さんは英語を教えているのですか」：一般動詞の疑問文の形にする。
主語（her father）が3人称・単数なので、主語の前（＝文頭）にDoesをおく。そして、〈Does＋主語〉のあとの動詞を原形（teach）にする。

4

2
動詞と助動詞

Hop! **基礎確認テスト** ……… p.14-15

1 ① visited ② went ③ didn't, watch ④ Did, come, did ⑤ was ⑥ Were, was ⑦ will, help ⑧ will, not, rain ⑨ Will, be, will ⑩ Will[Can], you, open

【解説】

動詞の過去形のつくり方、過去の文（否定文・疑問文もふくめて）のつくり方を、ここで確認しておきましょう。

①動詞を過去形にするときは、ふつう語尾に -ed をつける。

「訪れる」を意味する動詞 visit の過去形も、語尾に -ed をつけてつくる。

②「行く」を意味する動詞 go の過去形は went。不規則な変化をする動詞の1つ。

③「見なかった」という過去の否定文なので、didn't を動詞の前におく。didn't のあとの動詞は原形になる。

④「来ましたか」という過去の疑問文なので、Did ではじめる。〈Did ＋主語〉のあとの動詞は原形になる。

⑤be動詞の過去の文。主語が The movie なので、be動詞は was にする。

なお、was は is と am の過去形。

⑥be動詞の疑問文なので、be動詞を主語の前におく。過去の疑問文で主語が you なので、be動詞は Were にする。

なお、were は are の過去形。

未来の文（否定文・疑問文もふくめて）のつくり方を、ここで確認しておきましょう。助動詞の will を使うのがポイントです。

⑦「助ける」を意味する動詞 help の前に助動

詞の will をおく。助動詞のあとの動詞は原形になるので、主語は He だが、helps とはしない。

⑧未来の否定文は、will のあとに not をおいてつくる。動詞はそのあとにくる。

⑨未来の疑問文は、will を文頭にもってきて、そのあとに〈主語＋動詞の原形〉をつづける。be動詞の原形は be。

⑩〈Will you ＋動詞の原形…?〉で「〜してくれませんか」という"依頼"の意味を表すことができる。動詞は open を使う。

2 ① are, playing ② Is, watching, is ③ leaving ④ is, playing ⑤ can, play ⑥ must, finish ⑦ must, not, go ⑧ Can, she, play, can ⑨ Shall, I ⑩ Could[Would], you

【解説】

動詞の現在形では、現在進行中の動作を表すことはできません。それを表すには〈be動詞＋〜 ing〉の形にする必要があります。

①「野球をしている」は、進行中の動作を表す文なので、be動詞（ここでは are）に 〜ing がつづく形にする。

②現在進行形の疑問文。be動詞（ここでは Is）を文頭にもってくる。

③現在進行形は、近い未来の予定などを表すことがある。ここでは、その用法を使い、leave を ing 形にする。

④現在進行形は、副詞の always といっしょに使うと、「いつも〜してばかりいる」（動作の反復）という意味になる。ここではその用法を使い、play を ing 形にする。

動詞の前にさまざまな助動詞をおくことによって、可能・義務・許容などの意味をつけ加えることができます。

⑤「〜することができる」（可能）の意味を助動

詞の can を使って表す。助動詞のあとにくる動詞 (play) は原形にする。

なお、主語が3人称・単数でも、助動詞には -s, -es はつかない。

❻「〜なければならない」（義務）の意味を助動詞の must を使って表す。

❼「〜してはいけない」（禁止）の意味を must の否定文で表す。助動詞の否定文をつくるときは、助動詞のあとに not をおく。

❽「〜することができますか」の意味を助動詞 can の疑問文で表す。助動詞の疑問文をつくるときは、助動詞を主語の前におく。

❾「〜しましょうか」は Shall I 〜？で表す。助動詞の shall を使った会話表現。

❿「〜してくださいませんか」とていねいな言い方になっていることに注目。can の過去形の could を使い、Could you 〜？とする。will の過去形の would を使い、Would you 〜？としてもよい。

Step! 実力養成テスト ………… p.16-17

1 ❶ saw ❷ stopped ❸ tried ❹ sitting ❺ coming ❻ asking

解説

語形変化の問題。変化のルールをしっかりおぼえましょう。過去形は不規則な変化をするものが多いので、そうした変化形も少しずつおぼえていきましょう。

❶過去の文。see（見る）は不規則に変化する動詞。see の過去形は saw。

❷過去の文。stop（とまる）のように、「アクセントのある短母音＋子音字」でおわる動詞の過去形は、子音字を重ねて -ed をつける。stop ⇒ stopped

❸過去の文。try（試みる）のように、「子音字＋ y」でおわる動詞の過去形は、y を i に変えて-ed をつける。try ⇒ tried

❹過去進行形の文。sit（すわる）のように、「アクセントのある短母音＋子音字」でおわる動詞の ing 形は、子音字を重ねて -ing をつける。sit ⇒ sitting

❺近い未来を表す現在進行形の文。e でおわる動詞の ing 形は、e をとって -ing をつける。come ⇒ coming

❻現在進行形と副詞の always を組み合わせて "動作の反復" を表す文。ask の ing 形は、ふつうに語尾に -ing をつける。

2 ❶ May ❷ Shall ❸ Will ❹ Will

解説

会話表現では助動詞をよく使います。決まった言い方になっているものは、そのままおぼえてしまいましょう。

❶「〜してもいいですか」と相手の許可を得ようとするときは、May I 〜？または Can I 〜？で表す。

❷「〜しましょうか」と相手に申し出るときは Shall I 〜？で表す。

❸これも会話文だが、特に決まった言い方というわけではなく、ふつうの未来の疑問文。助動詞の will を使う。

なお、この文の it は天候を表している。代名詞の it は、天候や時刻を表す文の主語として使われることがある。

❹「〜してくれませんか」と相手に何かを頼むときは Will you 〜？または Can you 〜？で表す。

3 ❶ She did not[didn't] buy the bag.
❷ He was not[wasn't] studying hard.
❸ Did she go to the museum?
❹ Can he drive a car?
❺ They will[are going to] play tennis tomorrow.

6

否定文や疑問文をつくるときは、一般動詞の文か、be動詞の文か、あるいは助動詞を使った文かをまず確認しましょう。

❶一般動詞の過去の否定文は、動詞の前に didn't をおき、あとの動詞を原形にする。

❷進行形の文は、ふつうの be動詞の文と同じようにして否定文をつくる。ここでは was のあとに not をおけば否定文になる。短縮形の wasn't にしてもよい。

❸一般動詞の過去の疑問文は、文頭に Did をおく。そして、〈Did +主語〉のあとの動詞を原形にする。

❹助動詞の疑問文は、助動詞（ここでは can）を文頭にもってくればよい。

❺ tomorrow に変えるということは、未来の文にするということ。助動詞の will を動詞の前におき、動詞を原形にする。will の代わりに are going to を使ってもよい。

> **4** ❶ 今夜は雪がふるかもしれない。
> ❷ 彼はとてもお金持ちにちがいない。
> ❸ （あなたは）タクシーを使ったほうがいいですよ。 ❹ （あなたは）私の自転車を使ってもいいですよ。 ❺ （あなたは）英語を一生けんめい勉強しなくてはいけない。

解説

助動詞にはしばしば複数の意味があります。1つの意味にとらわれず、文全体の中で意味を決めるようにしましょう。

❶この may は「〜してもよい」（許可）の意味ではなく、「〜かもしれない」（推量）の意味で使われている。

❷この must は「〜にちがいない」（推量）の意味で使われている。

❸この should は「〜したほうがいい」（助言）の意味で使われている。

❹この can は「〜できる」（能力・可能）の意味

ではなく、「〜してもよい」（許可）の意味で使われている。

❺この must は「〜しなくてはいけない」（義務）の意味で使われている。

Jump! 実戦力テスト ……… p.18-19

> **1** ❶ ア ❷ エ ❸ イ ❹ エ ❺ ウ ❻ エ

解説

❶「彼女はその試合に勝ちましたか」：文頭に Did があるので、主語のあとにくる動詞は原形の win になる。

❷「彼女はパーティーを楽しんでいましたか」：文頭に Was があることから、現在進行形の疑問文になることがわかる。

❸「（あなたは）次の土曜日はいそがしいですか」：未来の疑問文。busy は形容詞なので be動詞が必要。Will you のあとなので、原形の be にする。

❹「これはとてもよい本です。あなたも読んだほうがいい」：最初の文の内容と合う助動詞を選ぶ。should（〜したほうがいい）が適当。

❺「このコンピュータを使ってもいいですか」―「どうぞ」：ここは許可を求める文と考えるのが自然。選択肢の中から許可を表す助動詞（ここでは Can）を選ぶ。

❻「その本は返さないといけませんか」―「いいえ、それにはおよびません」：Must I 〜? に対して否定の応答をする場合、must not（〜してはいけない）ではなく、don't have to（〜する必要はない）を使う。

> **2** ❶ She cannot play the piano well.
> ❷ He is coming back this weekend.
> ❸ She must be very angry with me.
> ❹ We are going to visit Okinawa next week.

❶「彼女はピアノをじょうずにひくことができない」：cannot（= can + not）のあとの動詞は原形（ここでは play）にしなくてはならない。

❷「今週末に彼は帰ってくることになっている」：近い未来を表す文。is を使わなくてはならないので、現在進行形を使い、is coming back ～ で表す。

また、be going to ～ を使って is going to come back ～ としてもよい。

❸「彼女は私に対してとても怒っているにちがいない」：must は助動詞。助動詞のあとには動詞の原形がこなくてはならないが、angry は形容詞。angry の前に be動詞の原形の be が必要。

❹「私たちは来週沖縄へ行きます」：ここでは going を使わなくてはならないので、be going to ～ を使って未来を表す。going のあとに to が必要。

---

3 ❶ She won't come to the party.
❷ Will you pass the salt, please?
❸ We were staying in London at the time. ❹ My mother is always losing something.
❺ Shall we go out for lunch?
❻ Would you sing a song for me?

❶「来ないだろう」を〈助動詞（won't）＋動詞（come）〉で表す。残りの単語でto the partyという句をつくる。

❷「～してくれませんか」をWill you ～? で表す。残りの単語で pass the salt という〈動詞＋目的語〉のまとまりをつくる。

❸「滞在していました」という（過去の）進行中の動作を were staying で表す。残りの単語で in London という句をつくる。

❹「いつも～してばかりいる」を"進行形＋

always" で表すのがポイント。is always losing … とする。

❺「～しませんか」を Shall we ～? で表す。残りの単語で go out for ～（～のために出かける）という句をつくる。

❻「～していただけませんか」というていねいな依頼を、Would you ～? で表すのがポイント。それがわからない場合でも、sing a song というまとまりがわかれば、残った単語（would と you）から、Would you ～? という表現がうかぶだろう。

---

4 ❶ She will be thirteen (years old) next week.
❷ My mother made this dress for me.
❸ May[Can] I ask some questions?
❹ You must not play baseball here.

❶助動詞の will を使って未来の文をつくる。She is thirteen（彼女は 13 歳です）を未来にすると She will be thirteen となる。be 動詞の原形の be を忘れないように。

なお、She will become thirteen としてもよいが、これはあとで習う文。

❷「つくってくれた」と過去になっているので、動詞の make は made にして使う。

「私に」は for me で表す。なお、「母」はここでは Mother 1語でもよい。

❸「～してもいいですか」を May I ～? で表す。Can I ～? でもよい。「いくつか質問をする」は ask some questions。複数形の questions にするのを忘れないように。

なお、May I ask you some questions? としてもよいが、これはあとで習う文。

❹「～してはいけません」という禁止の意味を must not で表すのがポイント。

「ここで野球をする」は play baseball here。baseball には a や the はつけない。

3

名詞と代名詞

Hop! 基礎確認テスト ……… p.22-23

1 ❶ brothers ❷ women ❸ water
❹ glasses, milk ❺ That ❻ this
❼ My, sister's ❽ their ❾ mine
❿ myself

解説

名詞を使うときは、それが「数えられる名詞」か「数えられない名詞」か、数えられる名詞の場合は「単数」か「複数」か、で使い分けが必要になります。

❶「3人の兄弟」なので、複数形で表す。brother はふつうに -s をつける。

❷「女の人たち」とあるので、これも複数形にする。woman は不規則に変化する名詞で、複数形は women。

❸「水」(water) は数えられない名詞なので、some (いくらかの) がついても複数形にはならない。

❹「牛乳」(milk) は数えられない名詞だが、それを入れる「コップ」(glass) は数えられる名詞。「2杯」なので、two glasses と複数形にする。ss でおわる名詞は -es をつけて複数形にする。

指示代名詞は、指し示して使う代名詞なので、話者に近いか遠いかで使い分けます。

❺「あれ」と自分から遠いところにあるものをさすときは that を使う。

❻「こちら」と自分をさす言い方。電話ではこのようなときに this を使う。

名詞・代名詞の所有格はとてもよく使う語です。形をしっかりおぼえましょう。

❼「私の妹の」には2つの所有格が使われている。「私の」は、人称代名詞 I の所有格 my で表す。「妹の」は sister (妹) に〈's〉をつけて所有格にする。

❽日本語ではふつう「彼らは彼らの (=自分の) 手を洗った」とは言わないが、英語では所有格の their (彼らの) を hands (手) の前につける。

❾ Whose dictionary (だれの辞典) とたずねているので、答えるときに dictionary という名詞をくり返す必要はない。このようなとき〈my +前に出てきた名詞〉のはたらきをするのが所有代名詞の mine。

❿動詞の目的語が主語と同じになる場合、主語自身をさす特別な代名詞を使う。「私自身」をさす代名詞は myself。このような代名詞を「再帰代名詞」という。

2 ❶ some, of ❷ any, of ❸ All, of
❹ Both, of ❺ one ❻ another
❼ the, other ❽ it, It ❾ We
❿ each, other (または one, another)

解説

人称代名詞や指示代名詞は"特定の人やもの"をさしますが、"不特定の人やもの"をさす代名詞もあります。それを「不定代名詞」といい、たくさんの種類があります。

❶不特定の「いくつか」や「何人か」を表すときは、不定代名詞の some を使う。「〜のうちの」は of 〜 で表す。

❷ここも不特定の「いくつか (何冊か)」だが、疑問文の場合は、ふつう some ではなく any を使う。

❸「(〜のうちの) 全部、全員、みんな」をさすときは all を使う。

❹「(2人または2つのうちの) 両方」をさすときは both を使う。

不定代名詞の中には、"前に出てきた名詞の代わり"をするものもあります。

❺「1台もっている」の「1台」は"不特定のカメラ"。つまり a camera のこと。このようなとき、a camera をくり返さないために使うのが one という不定代名詞。

❻「別の（シャツ）を見せてください」の「別の」は"多数の中の不特定の別のシャツ"のこと。このようなときは、another あるいは another one で表す。

❼ここは"2台のうちのもう1台"ということなので、必然的に"特定の自転車"をさすことになる。このようなときは、the other あるいは the other one で表す。

このほかにも、代名詞にはさまざまな種類や用法があります。ここでは、そのうちのいくつかを見ておきましょう。

❽代名詞の it は、時刻・天候・距離などを表す文の主語として使うことがある。

❾ we には「（自分をふくむ）一般の人びと」をさす用法がある。ここではその we を使って「私たちの地方」のことを表現している。

❿この空所には動詞 help の目的語となる代名詞を入れる必要がある。「おたがい」を意味する代名詞は each other。

Step! 実力養成テスト ………… p.24-25

1 ❶ dresses ❷ children ❸ teeth ❹ boxes ❺ Sheep ❻ cities

| 解 説 |

名詞の複数形のつくり方と、不規則な変化をする名詞の複数形は、英語学習の基本として、しっかりとおぼえましょう。

❶ dress のように ss でおわる名詞は、語尾に -es をつけて複数形にする。

❷ child は不規則に変化する名詞で、複数形は children となる。

❸ tooth も不規則に変化する名詞で、複数形は teeth となる。

❹ box のように x でおわる名詞は、語尾に -es をつけて複数形にする。

❺ sheep は単数形と複数形が同じ形をしている名詞（＝単複同形）。

❻ city のように「子音字＋ y」でおわる名詞は、y を i に変えて -es をつける。

2 ❶ ×, × ❷ a, × ❸ a, × ❹ ×, an

| 解 説 |

名詞を使いこなせるようになるためには、「数えられる名詞」と「数えられない名詞」の区別に慣れることがたいせつです。

❶ art（美術、芸術）も、poetry（詩）も数えられない名詞なので a や an は不要。
poetry は「文学の1分野としての詩」のことで、「個々の作品としての詩」は poem という。poem は数えられる名詞。

❷ baseball（野球）は数えられない名詞だが、ここでは形容詞的に使われている。
team（チーム）が数えられる名詞であるため、baseball の前に a が必要。
New York は固有名詞（＝数えられない名詞）で、a は不要。

❸ cup（カップ）は数えられる名詞だが、物質を表す coffee（コーヒー）はふつう数えられない名詞としてあつかう。

❹ lunch（昼食）は、breakfast（朝食）などと同じで数えられない名詞。
restaurant（レストラン）は数えられる名詞。前に Italian がついているので、a ではなく an をつける。

3 ❶ It ❷ another ❸ That ❹ other ❺ They ❻ One, the other

代名詞にはたくさん種類と用法があります。それぞれを的確に使い分けられるようにしておきましょう。

❶「こんどの週末は晴れるでしょう」：天候を表す文なので、it を主語にする。it にはこうした特別な用法がある。

❷「わあ、このクッキー、とてもおいしい！ もう1つください」：多数の中からの「(不特定の) もう1つ」は another で表す。

❸「テニスをしませんか」─「それはいい (考え) ですね」：相手が言ったことをすぐに受けて「それは」「そのことは」と言うときは that を使う。

❹「彼らは親友で、おたがいを尊敬しています」：「おたがい」の意味を表す代名詞は each other。ここでは動詞 respect の目的語として使われている。

❺「その列車では食べ物や飲み物を売っている」：ある特定の場所 (店、町、国など) の人びとを they で表すことがある。ここでは「列車の人びと」をさしている。

❻「彼は車を2台もっている。1台は青で、もう1台は赤です」：2つのうちの「もう1つ」は the other で表す。

---

4 ❶ 1つも〔まったく〕
❷ 2人とも〔両方とも〕
❸ あなたの (カップ)
❹ 自分で〔あなた自身で〕

解説

❶否定文で any が使われると、「1つも (まったく) 〜ない」の意味になる。

❷ Both of 〜 は「〜の両方」の意味。そのまま訳すと、「彼女の親の両方が医者です」となる。

❸ yours は〈your ＋前に出てきた名詞〉の意味を表す。ここでは、your cup をさす。

---

❹語尾が -self や -selves でおわる代名詞 (＝再帰代名詞) には、「自分で」「みずから」というように、主語を強調する使い方がある。

Jump! 実戦力テスト ………………… p.26-27

1 ❶ウ ❷エ ❸ウ ❹イ ❺エ ❻ア

解説

❶「私はけさパンを1枚食べた」：パンは数えられない名詞で、「パン1枚 (＝1切れ)」は a slice[piece] of bread で表す。

❷「あなたはこの部屋の中のだれかを知っていますか」：疑問文で「だれか」というときはふつう anyone を使う。

❸「私のコンピュータは古い。新しいのを買うつもりだ」：「新しいの」とは「新しいコンピュータ」のこと。同じ名詞 (ここでは computer) のくり返しをさけるときは不定代名詞の one を使う。

❹「このうで時計は好みじゃないです。別の (うで時計) を見せてください」："不特定の別のもの"をさすときは、another または another one を使う。

❺「私たち1人1人がスマホをもっている」：動詞が has になっていることに注目する。選択肢の中で、後ろに of us がきて単数あつかいになるのは Each だけ。

❻「ここから空港まで10キロメートルです」：代名詞の it は、時刻・天候・明暗のほかに、距離 (きょり) を表す文の主語としても使う。

---

2 ❶ Is this your pencil? — Yes, it's <u>mine</u>. ❷ I introduced <u>myself</u> to the students. ❸ He is famous here. Everyone <u>knows</u> his name. ❹ I lost my umbrella. I have to buy <u>one</u>.

❶「これはあなたのえんぴつですか」―「はい、私の（えんぴつ）です」：所有格の代名詞 my は be動詞の補語として使うことはできない。ここは所有代名詞の mine（＝ my pencil）を使う。

❷「私は生徒たちに自己紹介をした」：自己紹介なので、「私は私を紹介した」ということになるが、目的語が主語自身のときは me ではなく -self の形の代名詞（＝再帰代名詞）を使う。

❸「彼はここでは有名です。だれもが彼の名前を知っています」：everyone は「だれもがみな」という意味を表すが、"単数"としてあつかうので注意しよう。

❹「私は傘をなくしました。（なので）傘を買わなくてはなりません」： it とすると「なくした傘（＝特定の傘）」をさしてしまう。ここは単に「（不特定の1本の）傘」をさしているので、不定代名詞の one を使う。

3 ❶ All of them have their own dreams. ❷ These are my brother's books, not mine.
❸ It is six in the morning in Hawaii.
❹ I had four cups of coffee today.
❺ I'll take that blue one.
❻ John and I know each other well.

❶「彼ら全員」を all of them で表す。それを主語にして、動詞を have にすれば文の形ができあがる。

❷「私の兄の本」を my brother's books というように、代名詞と名詞の所有格を使って表すのがポイント。
なお、これと同じ意味を These books are my brother's で表すこともできる（これも正解）。

❸「6時です」は、時刻を表す it を使い、It is six とする。in the morning（朝）は決まった言い方。

❹「コーヒー1杯」を a cup of coffee と表すのがわかっていれば、それを応用すればいいだけ。「コーヒーを4杯」を four cups of coffee とする。

❺「あの青いの」＝「あの青いシャツ」を不定代名詞の one（名詞の代わりをする）を使って、that blue one とする。one はここでは shirt をさしている。「買う」は take で表す。

❻「おたがいを知っている」は、each other（おたがい）を目的語にして know each other とする。副詞の well（よく）はそのあとにおく。

4 ❶ We have five classes today.
❷ You can see the ocean from this room.
❸ Both of us went to the concert.
❹ I don't like any of those pictures.

❶「5つ（の）授業」は five classes とする。class（授業）は -es をつけて複数形にする。we があたえられているので、We have で文をはじめる。

❷この文では、特に「だれが」とはないので、「相手をふくむ一般的な人」を表す you で文をはじめる。「この部屋から」は from this room とする。

❸ us があたえられているので、「私たちは2人とも」を Both of us とする。あとはふつうに went to ～ とすればよい。

❹「どれも好きではない」は don't like any で表す。〈not + any〉で「どれも〔1つも〕…ない」の意味。「それらの絵のどれも」は any of those pictures とする。picture を複数形にするのを忘れないように。

4

冠詞と形容詞と副詞

1 ❶ a, the ❷ the ❸ a ❹ The ❺ the
❻ the ❼ a ❽ × ❾ many ❿ lot, of

|解説|

冠詞を使ううえで最も重要なことは、名詞（＝
人や事物）が"特定されているかどうか"です。
特定されている場合は the を使い、不特定で
単数の場合は a を使います。

❶買う時点では、指輪はまだ特定されていな
いので a ring。買ったあとは、買ったことで
特定されるため、the ring となる。

❷「その少年たち」と特定されているので the
をつける。

❸冠詞の a は、後ろに単位となる語がきて、「1
つの〜につき」という意味を表すことがある。
a day で「1日に（つき）」の意味になる。

❹「太陽」や「月」は1つしかないため、はじめ
から特定されてしまっている。そのため、ふ
つうは the sun や the moon というように、
the をつけて使う。

❺会話の中で「お塩をとって」と言うときは、
どの塩をさしているかがおたがいにわかっ
ている。つまり、特定の塩ということになり、
the をつける。

❻何かの楽器を演奏する（play）というときは、
ふつう楽器を表す名詞に the をつける。ここ
では the piano とする。

❼for a long time で「長いあいだ」という意
味の熟語表現。このままおぼえよう。

❽スポーツを表す名詞には、ふつう a も the も
つけない。

「数量を表す形容詞」を名詞に対して適切に使

うためには、まず、その名詞が"数えられる名詞"
か"数えられない名詞"かを知る必要があります。

❾「本（book）」は数えられる名詞。数が多い
ことを表す many を使う。

❿「水（water）」は数えられない名詞。a では
じまっていることから、数・量どちらが多い
ことも表せる a lot of を使う。

2 ❶ few ❷ little ❸ little ❹ some
❺ any ❻ often ❼ very[so], much
❽ Only ❾ too ❿ either

|解説|

「少し」の場合、「少しはある」という肯定的な
意味で使うときと、「少ししかない、ほとんど
ない」という否定的な意味で使うときとで、使
い分けが必要になります。

❶「質問（question）」は数えられる名詞。「少
し質問をしていいですか」という場合の「少
し」には否定的な意味合いはないので、a few
questionsにする。

❷「水（water）」は数えられない名詞。「少し水
を飲んだ」の「少し」にも否定的な意味合い
はないので、a little water にする。

❸「情報（information）」は数えられない名
詞。「情報がほとんどない（＝少ししかない）」
は否定的な表現なので、a をつけずに little
information とする。

「多い・少ない」を問題にせず、不特定の数や
量があることを表すのが some と any です。
数と量のどちらにも使えます。

❹「いくつかの質問」というように、不特定の数
（複数）を表しているので、questions の前
に some をつける。

❺相手に兄弟姉妹がいるかどうかをたずねると
きは、複数いる場合も想定しなくてはならな
い。そのため、brothers or sisters という
ように複数形にして、その前に、不特定の数

（複数または単数）を表す any をつける。

副詞についての基本的なことは第1章で習いましたが、そのほかにも副詞にはさまざまな種類や用法があります。それらについては、個別におぼえていくようにしましょう。

❻「しばしば (often)」のような "頻度" を表す副詞は、ふつう一般動詞の前、be動詞のあとにおく。visited は一般動詞。

❼形容詞や副詞を「とても」と強めるときは very を使うが、動詞を「とても」と強めるときは very much や so much を使う。

❽文の主語（ここでは Tom）を「〜だけが」と強調するときは、副詞の only を主語の前におく。

❾「〜も (また) …」というときは副詞の too を使う。ただし、次に見る either との使い分けに注意する必要がある。

❿「〜も (また) …ない」というように、否定文で「〜も (また) …」というときは、too ではなく either を使う。

Step! 実力養成テスト ………… p.32-33

1 ❶ a ❷ The, the ❸ The, a
❹ a ❺ the

解説

特定されている名詞には the がつき、されていない名詞には a (または an) がつきます。特定のされ方にも注目しましょう。

❶この文の「自転車 (bike)」はどんな自転車でもかまわないので、不特定。

❷「地球 (earth)」や「太陽 (sun)」は1つしかないものなので、必然的に特定されてしまう。

❸ここでは、特定のバンド (＝そのバンド) についての話をしている。また、「週に」の「〜に (つき)」の意味は、冠詞の a で表す。

❹a cup of coffeeで「（カップ）1杯のコーヒー」という決まった言い方。特定のコーヒーカップをさしているわけではない。

❺この会話では、話者は特定のドアについて「閉めてくれませんか」と言っているはずで、相手もそれはわかって返事をしていると考えられる。

2 ❶ They played the game together.
❷ My father is always busy.
❸ These shoes are too big for me.
❹ I like dogs, but I like cats(,) too.
❺ He often comes to our house.

解説

副詞は文の主要素ではないため、どこにおいたらいいのか迷うことがあります。ふつうは文の後ろにおけばいいのですが、そうではないものには注意が必要です。

❶副詞の together (いっしょに) は、通常どおり文の主要素のあとにおく。ここでは目的語の the game のあとにおく。

❷ always (いつも) は頻度を表す副詞の1つ。be動詞の文では、頻度を表す副詞は be動詞のあとにおく。

❸副詞の too (あまりにも〜、〜すぎる) は修飾する形容詞や副詞の前におく。ここでは形容詞 big の前におく。

❹副詞の too (〜もまた) は、ふつう文末におく。❸と同じ too だが意味がちがう。
なお、ここでは「私も〜が好きだ」ではなく、「ネコも好きだ」という意味。

❺ often (しばしば、よく) は頻度を表す副詞の1つ。一般動詞の文では、頻度を表す副詞は動詞の前におく。

3 ❶ a lot of ❷ much ❸ some ❹ any
❺ a few ❻ little ❼ either

14

数量を表す形容詞については、しっかりと使い分けられるようにしておきましょう。

❶「多くの〜」は a lot of 〜 で表すことができる。a lot of 〜 や lots of 〜 は数にも量にも使える。

❷「興味 (interest)」は数えられない名詞なので much を使う。〈not + much〉で「多くはない」⇒「あまりない」の意味。

❸「オレンジジュース (orange juice)」の量は不特定で、また、疑問文でも否定文でもないので、any ではなく some を前につける。

❹否定文で「〜が (1人も) いない」というときは、〈not + any 〜〉の形にする。この場合は some は使わない。

❺「少しもっている」というのは肯定的な言い方なので a few を使う。

❻「ほとんどもっていなかった」は否定的な言い方なので、a のつかない little を使う。なお、money は数えられない名詞。

❼副詞の使い分けの問題。「私も (また) 知らなかった」は否定文なので、「〜も (また)」は too ではなく either で表す。

4 ❶ runs, fast ❷ good, tennis, player ❸ answered, quickly

書きかえ問題の一種。このような問題をやってみることで、英文の理解を深め、表現の引き出しを多くすることができます。

❶上の文の a fast runner は「速く走る人」という意味。これを「(人が) 速く走る」と言いかえる。fast は上の文では形容詞だが、下の文では副詞になる。2つの文の意味は「私の兄は走るのが速い」

❷前の問題とはぎゃくの言いかえ。「(人が) じょうずにテニスをする」を「じょうずにテニスをする人」(a good tennis player) と言い

かえる。副詞の well が形容詞の good に変わる。2つの文の意味は「彼女はテニスがじょうずです」

❸ gave a quick answer は「すばやい返答をした」という意味。これを、answer を動詞にして言いかえる。それに合わせて、形容詞の quick は副詞の quickly に変える。2つの文の意味は「その生徒はすばやく答えた」

Jump! 実戦力テスト ………… p.34-35

1 ❶イ ❷ア ❸ウ ❹エ ❺ア ❻ウ

❶「彼女は食べ物をまったく食べなかった」: didn't eat any food で「少しの食べ物も食べなかった」という意味になる。at all は否定を強めている。

❷「彼はアイスクリームをたくさん食べすぎて気分がわるくなった」: ice cream は数えられない名詞。too much ice cream (あまりにも多くのアイスクリーム) とする。

❸「彼女はふつう 10 時に寝る」: go to bed は熟語で「就寝する、寝る」の意味。この表現では bed に a や the はつけない。

❹「私はきのうパーティーに行きませんでした」— 「私も行きませんでした」: 否定文で「〜も (また)」と言うときは、too ではなく either を使う。

❺「私たちは昼食のあとにケーキ (1つ) と (いくらかの) コーヒーをいただきました」: coffee は数えられない名詞。不特定の量を表す some をつける。

なお、切り分けたケーキ1つは、a cake ではなく a piece of cake と表す。

❻「その博物館はとてもおもしろいが、そこを訪れる人は少ししかいない」: 前の部分と but (しかし) でつながれている点に注目する。否定的な意味を表す few を入れて「少しの人

しか訪れない」という意味にする。

2

① She saved a little money every month. **②** We traveled around Hokkaido by car. **③** This room is large enough for me. **④** All of us enjoyed the school festival very[so] much. (または All of us very[so] much enjoyed the school festival.)

解説

①「彼女は毎月少し貯金をした」：money は数えられない名詞なので、a few ではなく a little を使う。

②「私たちは車で北海道を旅してまわった」："移動手段"を表すときの by のあとの名詞は無冠詞にする。

③「この部屋は私には十分な広さがある」：副詞の enough(十分に) は形容詞の後ろにおいて修飾する。large enough で「十分に大きい」という意味。

④「私たちはみんな学園祭をとても楽しんだ」：very は形容詞や副詞を強める副詞。動詞を「とても」と強めるときは、very[so] much を文末 (あるいは動詞の前) におく。

3

① She is sometimes late for school. **②** I took a lot of pictures during the trip. **③** Do you have any plans for next Sunday? **④** She is a very good tennis player. **⑤** He drinks four or five cups of coffee a day. **⑥** Even a small child can understand this.

解説

①「～に遅刻する」を is late for ～ で表す。sometimes (ときどき) は頻度を表す副詞なので、be動詞 (is) のあとにおく。

②「たくさんの～」を a lot of ～ で表す。動詞

の take には「(写真を) 撮る」という意味がある。

③「何か予定があるか」という疑問文なので、plans の前に any をつけ、Do you have any plans …? とする。

④「テニスがとてもじょうずだ」を a very good tennis player (とてもじょうずにテニスをする人) という言い方で表す。

⑤ a をどこに使うかがポイント。「4、5杯のコーヒー」は four or five cups of coffee とする。ここでは a は使わない。「1日に (つき)」を a day で表す。

⑥「小さな子どもでも」の「でも」は副詞の even で表す。この even は a small child (小さな子ども) の前におく。

4

① May I open the windows? **②** He goes to school by train. **③** We had a good time at the party. **④** He often plays the guitar.

解説

①「～してもいいですか」は May[Can] I ～? で表す。また、「窓を開けても…」と言うときの「窓」は、特定の窓をさしているので、windows には the をつける。

②「電車で」は"移動手段"を表す by を使い、by train とする。train は無冠詞。
「(授業を受けに) 学校に通う」というときは go to school という。この school も無冠詞で使う。

③ あたえられた語の中に good があることから、「楽しくすごす」を have a good time で表す。冠詞の a を忘れないように。

④「ギターをひく」は plays the guitar。この言い方のときは、楽器名の前に the をつけるのがふつう。また、「よくギターをひく」とあるので、頻度を表す副詞の often (しばしば) を plays の前におく。

5 さまざまな文

基礎確認テスト ……… p.38-39

1 ① What, do ② Who, is ③ Which, book, did ④ Whose, umbrella, is ⑤ When, do ⑥ Why, is ⑦ How, did ⑧ How, old ⑨ How, many, brothers ⑩ Who, lives, does

解説

疑問文をつくるときに重要なのは「語順」です。疑問詞を使った疑問文でも、疑問詞のあとの語順がだいじです。

① 「何」を意味する疑問詞は what。そのあとに、〈do +主語+動詞の原形〉という "一般動詞の疑問文の語順" がつづく。

② 「だれ」を意味する疑問詞は who。そのあとに、〈be動詞+主語〉という "be動詞の疑問文の語順" がつづく。

このように、疑問詞を使った疑問文でも、一般動詞と be動詞の区別は重要です。

③ 「どの〜」を意味する疑問詞は which。which book（どの本）のあとに "一般動詞の疑問文の語順" がつづく。

④ 「だれの〜」を意味する疑問詞は whose。whose umbrella（だれの傘）のあとに "be動詞の疑問文の語順" がつづく。

⑤ 「いつ」を意味する疑問詞は when。そのあとに "一般動詞の疑問文の語順" がつづく。

⑥ 「なぜ」を意味する疑問詞は why。そのあとに "be動詞の疑問文の語順" がつづく。

⑦ 「どうやって」を意味する疑問詞は how。そのあとに "一般動詞の疑問文の語順" がつづく。

⑧ 「何歳」を意味する How old のあとに "be

動詞の疑問文の語順" がつづく。

⑨ 「何人の兄弟」を意味する how many brothers のあとに "一般動詞の疑問文の語順" がつづく。

ここまでの疑問文では、疑問詞が目的語や補語や副詞のはたらきをしていましたが、次の疑問文では、疑問詞が "主語" です。

⑩ 「だれが住んでいますか」という疑問文では、疑問詞の who（だれ）が主語になる。このような疑問文の場合は、ふつうの文と同じ語順（主語＋動詞…）になる。

なお、主語の who はふつう単数あつかいにするので、あとの動詞は lives にする。

2 ① or ② Which, or ③ never, drinks ④ no, money ⑤ is, on ⑥ There, are ⑦ Please, open ⑧ Let's, go ⑨ What, a, is ⑩ How, wonderful[nice], is

解説

これまで見てきた疑問文や否定文とは、少し形がちがうものもあります。

① 「A か、それとも B か」は〈A or B〉で表す。この疑問文では補語が〈A or B〉の形になる。

② 「どちらがほしいですか」という疑問文。which で疑問文をはじめて、最後に、選択肢を〈A or B〉の形で示す。

③ 「けっして〜しない」という否定の意味を、副詞の never を使い、〈never ＋動詞〉の形で表す。never は doesn't などとちがい、あとにくる動詞は原形にならない。

④ I have で文がはじまっているので、no money を have の目的語にして否定の意味を表すようにする。

ここからは、疑問文・否定文以外で、これまで学習してきた文とは意味や形がちがうものについて見ておきましょう。

⑤ be動詞には「〜は…である」というように、主語と補語をむすびつけるはたらきがあるが、それ以外に「〜がある、いる」という存在の意味を表すこともある。この文では be動詞を存在の意味で使う。

⑥「(不特定の人やものが) いる、ある」というときには、There is[are] 〜 という特別な形の文を使う。

この形の文では、主語が be動詞のあとにくるので、be動詞はその主語に合わせて使い分ける。この文の主語は twenty girls (複数) なので、be動詞は are にする。

⑦「〜しなさい」「〜して」と相手に命令や依頼をするときは、主語のない、動詞 (原形) からはじまる文 (＝命令文) を使う。

これに please をつけるとていねいな言い方 (〜してください) になる。

⑧「〜しましょう」と相手にさそいかけるときは、しばしば〈Let's＋動詞の原形…〉の文を使う。これも主語のない文。

⑨ a kind girl (親切な女の子) のような、〈(a ＋) 形容詞＋名詞〉の句に感嘆の気持ちをこめるときは、What (何て) を前において感嘆文をつくる。

名詞が数えられる名詞で単数のときは、形容詞の前に a や an をつける。

⑩ 後ろに名詞がこない〈形容詞〉や〈副詞〉に感嘆の気持ちをこめるときは、How (何て) を前において感嘆文をつくる。

なお、感嘆文の場合、疑問文とはちがって後ろは〈主語＋動詞〉の形になる。

Step! 実力養成テスト ……… p.40-41

1 ❶ Where ❷ How ❸ What
❹ Which ❺ Who ❻ Why

解説

この問題では、応答文を読んで何を答えている

かに注目すれば、何をたずねる文にすればよいかがわかります。

❶ 応答文では、行き先 (the post office) を答えている。「どこへ行くのですか」—「郵便局へ行くところです」

❷ 応答文では、移動手段 (By bus) を答えている。「どうやってここへ来たのですか」—「バスで (来ました)」

❸ 応答文では、食べたもの (pizza) を答えている。「昼食に何を食べましたか」—「ピザを食べました」

❹ この問題では、質問文の末尾の〈A or B〉(A か、それとも B) から疑問文の形がわかる。「どちらがほしいですか、犬ですか、それともネコですか」—「犬です」

❺ 応答文では、つくった人 (My mother) を答えている。「だれがこのケーキをつくったのですか」—「母がつくりました」

❻ 応答文では、理由 (Because 〜) を答えている。「なぜこんなにおくれたのですか」—「乗る電車をまちがえたからです」

2 ❶ 大阪にいました
❷ 静かにしてください
❸ いつも幸せとはかぎらない
❹ 何も言わなかった

解説

❶ be動詞の過去形 were が「いた」という意味 (＝存在の意味) を表している。

❷ be動詞の命令文。原形の be が使われている。be quiet で「静かにしなさい」という意味。文頭に Please がついて、ていねいな言い方になっている。

❸ not always で、「いつも [かならずしも] 〜というわけではない」という "部分否定" の言い方になる。

❹ 文の形は否定文ではないが、動詞 said (言った) の目的語が nothing であるため、否定

18

の意味を表す文になっている。

3 ❶ How old is that elephant?
❷ How much is this bag?
❸ Whose car is that?
❹ How high is the building?
❺ How often does she go to the gym?

解説

疑問詞を使いこなせるようになると、さまざまなことを質問できるようになり、会話力や表現力の向上につながります。

❶「あのゾウは3歳です」：3歳は年齢。年齢をたずねるときは How old ではじめる。

❷「このバッグは5千円です」：5千円は値段。値段をたずねるときは How much ではじめる。

❸「あれは私のおじの車です」：下線部分はだれの車かを言っている。「だれの〜」をたずねるときは Whose 〜 ではじめる。

❹「このビルは高さがおよそ200メートルです」：下線部分はビルの高さ。高さをたずねるときは How high ではじめる。

❺「彼女は1週間に2回（スポーツ）ジムに通っている」：1週間に2回というのは頻度。頻度をたずねるときは How often ではじめる。ほかに、How many times (a week) ではじめてもよい。

4 ❶ Let's, go ❷ Don't, play
❸ has, no ❹ There, are
❺ What, a, cute, smile

解説

❶「お昼を食べに出かけませんか〔出かけましょう〕」：Shall we 〜?（〜しませんか）を Let's 〜（〜しましょう）で言いかえる。

❷「ここで野球をしていけない」：禁止を表す must not 〜（〜してはいけない）を否定の

命令文（Don't 〜）で言いかえる。

❸「彼は芸術にまったく興味をもっていない」：doesn't have any 〜（〜をまったくもっていない）を has no 〜 で言いかえる。not + any = no とおぼえておこう。

❹「私たちの町には図書館が2つある」：We have 〜 in our town（私たちの町には〜がある）を There is[are] 〜（〜がある）の文を使って言いかえる。主語が複数（two libraries）なので There are 〜 にする。

❺「彼女のほほえみは何てかわいいんだろう」：この感嘆文では主語が her smile。これを、she を主語にして What の感嘆文で言いかえる。「彼女は何てかわいい笑顔をもっているんだろう」という意味にする。

(Jump!) **実戦力テスト** ……… p.42-43

1 ❶ウ ❷イ ❸ウ ❹ウ ❺エ ❻ア

解説

❶「きょうは何月何日ですか」―「12月12日です」：相手が日付を答えているので、日付をたずねる表現にする。

❷「あなたはどれだけのお金を必要としていますか」：money（お金）は数えられない名詞なので、量をたずねる表現にする。

❸「彼女は先生ですか、それとも生徒ですか」―「先生です」：相手が Yes や No を使わずに答えているので、選択式（A or B）のたずね方にする。

❹「どの帽子がほしいですか」―「あの帽子がほしいです」：相手に一定の範囲の中から選んでもらうときには which（どの〜）を使う。

❺「あなたはなぜそんなに早起きするのですか」―「毎朝ジョギングしているからです」：Why（なぜ〜）の疑問文には、ふつう、Because（なぜなら〜）で答える。

❻「テレビをたくさん見すぎるな（＝見すぎて

はいけない)」：Don't を入れて否定の命令文
にする。

2 ❶ What <u>are you</u> going to do next?
❷ He never <u>gives</u> up his dream.
❸ There <u>are</u> a lot of people in this park.
❹ What <u>an</u> exciting movie it was!

解説

❶「あなたは次に何をしようとしているのです
か」：What のあとは"疑問文の語順"（ここ
では are you 〜）にする必要がある。
❷「彼はけっして自分の夢をあきらめない」：
never は副詞。主語が３人称・単数で現在
の文なので、never のあとの動詞 give は
gives にする必要がある。
❸「この公園にはたくさんの人がいます」：
There is[are] 〜 の文では、be動詞のあと
に主語がくる。be動詞はその主語（ここでは
a lot of people）に合わせる。
❹「それは何てわくわくする映画だったので
しょう」：movie（映画）は数えられる名詞
なので、「（１本の）わくわくする映画」は an
exciting movie。感嘆文にするときは、そ
の前に What をおく形にする。

3 ❶ When did you come to Japan?
❷ How far is it from here to the station? ❸ How many books do you read in a month? ❹ How nice your parents are! ❺ Let's go for a walk after lunch. ❻ We don't always agree with each other.

解説

❶「いつ」を表す when で文をはじめる。その
あとは、一般動詞の疑問文の語順（did you
come 〜）にする。

❷「（距離が）どのくらい」を表す how far で文
をはじめる。そのあとは、be動詞の疑問文
の語順（is it 〜）にする。it は距離を表す文
の主語として使われる。
❸「何冊（の）本」を表す how many books で
文をはじめる。そのあとは、一般動詞の疑
問文の語順（do you read 〜）にする。
❹「何てやさしい」を How nice で表し、その
あとに〈主語＋動詞〉をつづけて、感嘆文の
形にする。
❺「〜しましょう」は Let's 〜 で表す。「散歩に
出かける」は go for a walk。
❻「いつも〜とはかぎりません」（＝部分否
定）を〈not + always〉で表すのがポイント。
always は動詞 agree の前におく。

4 ❶ What day (of the week) is it today?
❷ Who painted this beautiful picture?
❸ There is no milk in the fridge.
[There isn't any milk in the fridge.]
❹ No one[Nobody] lives in that house.

解説

❶曜日をたずねるときは、What day ではじ
め、is it today? とつづける。today はなく
てもよい。なお、it を使わずに What day
is today? という言い方もある。
❷「〜を描いたのはだれですか」とは「だれが
〜を描いたのですか」ということ。疑問詞の
who を主語にして、Who painted 〜 とす
ればよい。
❸There is 〜 の文を使う。「牛乳はまったく
ない」は no milk か、not + any milk か、
どちらかを使う。
❹主語を「だれも…ない」の意味を表す no
one あるいは nobody にする。no one や
nobody は単数あつかいなので、動詞の live
（住む）は lives にする。

6 文型と句

Hop! 基礎確認テスト ……… p.46-47

1 ❶ was ❷ became ❸ looked
❹ lives ❺ teaches ❻ gave, her
❼ sent, him ❽ sent, to, him
❾ cooked[made], me
❿ cooked[made], for, me

解説

文型は、文を4つの主要素で表します。主語 (S)、動詞 (V)、目的語 (O)、補語 (C) の4つです。文型の学習では、まず、目的語とは何か、補語とは何かを理解することがだいじです。

❶この文では、主語の She (彼女) と a singer (歌手) とが、イコールの関係でむすばれている。このような関係でむすばれる語句を「補語」という。そして、むすぶ動詞を「be 動詞」という。ここには be 動詞の過去形が入る。

❷be 動詞は、「S は C である」というように、主語と補語をピッタリとむすびつけるが、「S は C になる」というように、そのむすびつきに "動作" がともなうこともある。その場合は一般動詞が使われる。ここでは一般動詞の become (〜になる) を使う。

❸「S は C に見える」というときは、一般動詞の look を使う。

❹英語の文の中には、目的語も補語もなく、主要素が主語 (S) と動詞 (V) だけという文もある。live (住む) は、そのような文をつくる動詞。この文の in Osaka は場所を表す副詞句。

❺この文では English (英語) が「教える」という動作の "対象" になっている。このような役割をする語句を「目的語」という。あとに目的語がきて「〜を教える」という意味を表す動詞は teach。

動詞の中には、目的語 (O) が2つある文をつくるものがあります。文型は〈主語+動詞+間接目的語+直接目的語〉となります。

❻何かを「あげる (give)」という動作は、「あげるもの」だけでなく、「あげる相手」もいないと成立しない。あげる「もの」を表すのが直接目的語 (〜を) で、あげる「相手」を表すのが間接目的語 (〜に)。
「人にものをあげる」は〈give +人+もの〉という形で表すので、「彼女にバッグをあげた」は、gave her a bag となる。

❼動作は「あげる (give)」から「送る (send)」に変わるが、考え方は同じ。
「彼に誕生日プレゼントを送った」は sent him a birthday present となる。

❽「あげる相手」や「送る相手」を表す間接目的語 (〜に) は、副詞句の to 〜 で表すこともできる。

❾食事を「つくる (cook)」という動作は、「つくってあげる相手」がいなくても成立する。だが、cook も give や send と同じように〈cook +人+食事〉で「人に食事をつくってあげる」という意味を表すことができる。

❿「つくってあげる相手」を副詞句で表すときは、to 〜 ではなく、for 〜 の形で表す。make (つくる) や buy (買う) も同じ。

2 ❶ made, him ❷ calls, her
❸ made, him ❹ left[kept], open
❺ up ❻ off ❼ for ❽ good, at
❾ proud, of ❿ able, to

解説

動詞の中には、目的語 (O) に補語 (C) がつく文をつくるものもあります。文型は〈主語+動詞+目的語+補語〉となります。この場合の補語は、目的語を説明するはたらきをします。

❶ 「A を B にする」という意味は、make A B という形で表すことができる。A は目的語で、B は補語。この文では A = him で、B = our leader。

❷ 「A を B と呼ぶ」という意味は、call A B という形で表すことができる。この文では A = her で、B = Cathy。

❸ 「A を B にする」（make A B）の文では、B が形容詞になることもある。この文では、B が angry（怒った）。

❹ 「A を B のままにしておく」は、leave A B という形で表す。keep A B でもほぼ同じ意味を表すことができる。（keep の場合は、積極的にその状態を保つ感じがある。）

英語を使うとき、"文型" だけでなく、"句" という観点が重要になることもあります。ここでは、文型にもかかわりのある、動詞にかんする句を見ておきます。

❺ 「起きる」という意味を、get up という〈自動詞＋副詞〉の句で表す。

❻ 「ぬぐ」という意味を、take off という〈他動詞＋副詞〉の句で表す。
ふつう、目的語は動詞のすぐあとにくるが、take off という句が1つの他動詞のようなはたらきをするため、目的語の your shoes が off のあとにきている。ただし、take your shoes off という言い方もする。

❼ 「～を待つ」という意味を、wait for ～ という〈自動詞＋前置詞〉の句で表す。前置詞のあとに目的語がくるため、句としては他動詞のようなはたらきをする。

❽ 「～が得意だ」という意味を be good at ～ という〈be動詞＋形容詞＋前置詞〉の句で表す。このような句も他動詞に似たはたらきをする。

❾ 「～を誇りに思う」という意味を、be proud of ～ という〈be動詞＋形容詞＋前置詞〉の句で表す。

❿ 「～することができる」という意味を be able to という句で表す。to のあとには動詞の原形がくる。この句の場合は、助動詞の can に似たはたらきをする。

Step! 実力養成テスト ……… p.48-49

1 ❶ happily ❷ sad ❸ in Hawaii ❹ London ❺ a pianist ❻ the problem

解説

文の要素のうち、目的語と補語の区別はもちろん重要ですが、副詞と補語、副詞と目的語の区別も重要です。動詞との関係でしっかり使い分けられるようにしましょう。

❶ smile（ほほえむ）は自動詞。「うれしそうに」は副詞の happily で表す。happy は形容詞で「うれしい、幸福な」の意味。

❷ 「～に見える」の意味で使う look は後ろに補語がくるので、「悲しそう」は、副詞ではなく補語となる形容詞（sad）で表す。

❸ stay（滞在する）は他動詞ではなく自動詞なので、「ハワイに」は、目的語ではなく副詞句（in Hawaii）で表す。

❹ visit（訪れる）は他動詞なので、「ロンドンを」は目的語として表す。

❺ become（～になる）は補語をとる自動詞なので、「ピアニストに」は、副詞句ではなく補語（a pianist）として表す。

❻ discuss（話し合う）は他動詞なので、「その問題について」は目的語として表す。まちがえやすい動詞の1つ。

2 ❶ 私に彼の新しいくつを ❷ そのネコをモモと ❸ 彼に誕生日のケーキをつくってあげました〔つくりました〕 ❹ 彼をとても幸せにしました〔とてもうれしい気持ちにしました〕

解説

動詞のあとに〈間接目的語＋直接目的語〉や〈目的語＋補語〉がくる文では、そうした語句の関係をしっかりおさえないと、文の正しい理解ができません。

❶ me は間接目的語（～に）で、his new shoes は直接目的語（～を）。show A B で「A に B を見せる」の意味。

❷ the cat は目的語（～を）で、Momo は（目的語に対する）補語。name A B で「A を B と名づける」の意味。

❸ him は間接目的語で、a birthday cake は直接目的語。make A B で「A に B をつくってあげる」の意味。

❹ him は目的語で、very happy は補語。この make A B は、❸ とはちがい、「A を B にする」の意味。ここでは B が形容詞になっている。この文は「彼女のことばを聞いて彼はとてもうれしくなった」などと訳すこともできる。

3 ❶ got ❷ found ❸ sent ❹ called ❺ kept

解説

❶ 「彼女は眠くなり床（とこ）についた」：get はあとに補語がきて「～になる」という意味を表す。ここは got sleepy とする。

❷ 「私はその映画をとてもおもしろいと感じた」：the movie と funny が目的語と補語の関係になると考えて動詞を探す。found the movie very funny とする。

❸ 「私は彼に年賀状を送った」：him と a New Year's card（年賀状）が 2 つの目的語になると考えて動詞を探す。sent him a New Year's card とする。

❹ 「彼らは彼を尊敬していて、彼のことを博士と呼んだ」：him と Professor が目的語と補語の関係になると考えて動詞を探す。called

him Professor とする。

❺ 「彼はいつも自分の車をきれいにしておいた」：his car と clean が目的語と補語の関係になると考えて動詞を探す。kept his car clean とする。

4 ❶ up ❷ to ❸ on ❹ for ❺ to

解説

〈動詞＋副詞〉や〈動詞＋前置詞〉の句をおぼえるとき、自動詞と他動詞の区別や、副詞と前置詞の区別ができていると、意味と用法がしっかりと身につきます。

❶ 「立ち上がる」は stand up で表す。〈自動詞＋副詞〉の句。

❷ 「～を聞く」は listen to ～ で表す。〈自動詞＋前置詞〉の句。前置詞のあとには目的語がくる。

❸ 「（マフラーを）する（＝身につける）」は put on ～ で表す。〈他動詞＋副詞〉の句。この on は副詞。目的語は put と on のあいだにくることもある。

❹ 「～におくれる」は be late for ～ で表す。〈be 動詞＋形容詞＋前置詞〉の句。

❺ 「～しなくてはならない」は have to ～ で表す。助動詞の must に似たはたらきをする句で、to のあとには動詞の原形がくる。

Jump! 実戦力テスト ……………… p.50-51

1 ❶ エ ❷ ウ ❸ ウ ❹ イ ❺ エ ❻ ア

解説

❶ 「私は 30 分間彼女を待った」：wait for ～ で「～を待つ」という意味。

❷ 「（あなたは）夢をあきらめてはいけない」：give up ～ で「～をあきらめる」という意味。この up は副詞。

❸ 「あなたの意見は私の（意見）とはちがう」：

be different from ～ で「～とちがう」という意味。

❹「彼女は世界中で有名になった」：あとに補語がくる動詞が入る。become famous で「有名になる」という意味。

❺「私は彼をとても誠実で親切だと感じた」：〈主語＋動詞＋目的語＋補語〉の文をつくる動詞が入る。find him honest で「彼を誠実だと感じる」という意味になる。

❻「(あなたは) 今夜は早く寝たほうがいい」：had better ～ で「～したほうがいい」という意味を表す。助動詞に似たはたらきをする句で、better のあとには動詞の原形がくる。

---

2 ❶ for ❷ to ❸ took[had] ❹ able, to

解説

❶「彼の父親は彼にコンピュータを買ってあげた」：buy A B (A に B を買ってあげる) を buy B for A の形に書きかえる。

❷「彼は私たちに自分の家を見せてくれた」：show A B (A に B を見せる) を show B to A の形に書きかえる。

❸「私たちは喫茶店でしばらく休憩した」：動詞の rest の意味を、take[have] a rest (ひと休みする、休憩する) で表す。

❹「彼女は５か国語を話すことができる」：助動詞 can (～することができる) の意味を、be able to を使って表す。

---

3 ❶ You should tell her the truth. ❷ My mother looks very young for her age. ❸ My brother is good at sports. ❹ This temple is famous for its beautiful garden. ❺ What makes you so angry? ❻ You have to keep the room warm.

解説

❶「彼女に真実を」の部分を〈間接目的語＋直接目的語〉で表す。tell her the truth で「彼女に真実を話す」という意味になる。

❷「私の母は若く見えます」を〈主語＋動詞＋補語〉の形で表す。動詞は look (～に見える) を使う。

❸「～が得意です」を be good at ～ の句で表す。

❹「～で有名です」を be famous for ～ の句で表す。

❺日本語には「なぜ…」とあるが、疑問詞の why はない。代わりにあるのが what。動詞は makes だけなので、What makes で文をはじめて、「何があなたをそんなに怒らせているのか」という文にする。

❻「部屋をあたたかく」を〈目的語＋補語〉で表す。keep the room warm で「部屋をあたたかくしておく」という意味になる。「～しなくてはなりません」は have to で表す。

---

4 ❶ What do your friends call you? ❷ Mr. Tanaka teaches us Japanese. [Mr. Tanaka teaches Japanese to us.] ❸ She is proud of her students. ❹ I'm going to visit Tokyo next month.

解説

❶「あなた (のこと) を～と呼ぶ」は call A B (A を B と呼ぶ) の形で表す。ここでは B が「何 (= what)」なので、What を文頭において、疑問文の形にする。

❷「私たちに国語を教える」は teach us Japanese。「私たちに」を to ～ で表して、teach Japanese to us としてもよい。

❸「～を誇りに思う」は be proud of ～ の句で表す。

❹「～する予定です」は be going to ～ の句で表す。to のあとには動詞の原形 (ここでは visit) がくる。

7

比較表現

Hop! **基礎確認テスト** ………… p.54-55

1 ❶ higher, than ❷ harder, than
❸ more, interesting, than
❹ more, slowly ❺ the, highest
❻ the, fastest ❼ the, most, beautiful
❽ one, tallest, buildings
❾ bigger, than ❿ earliest, of

解説

比較表現の学習では、まず形容詞・副詞の「比較級・最上級のつくり方」と、それらを使うときの「表現の基本パターン」をしっかりとおぼえてしまうことが重要です。

❶何かと何かを比べて、一方が「他方より（もっと）…」と言うときは、〈比較級＋than〜〉の形で表す。than〜は比較の対象を表す。
形容詞（ここでは high）を比較級にするときは、ふつう語尾に -er をつける。

❷副詞（ここでは hard）も同じようにして比較級にする。

❸比較的長い形容詞や副詞を比較級にするときは、語形を変化させるのではなく、前にmore をおく。

❹ slowly（ゆっくりと）のように -ly でおわる語も、前に more をおいて比較級にすることがある。
この文のように、比較の対象が明らかなときは、それを省略することもある。

❺ある場所や範囲の中で何かが「いちばん…」と言いたいときは、〈the ＋最上級＋in〜〉の形で表す。in〜は "比較の場所や範囲" を表す。
形容詞（ここでは high）の最上級をつくるときは、ふつう語尾に -est をつける。最上級

の形容詞には原則として the をつける。

❻副詞（ここでは fast）も同じようにして最上級にする。なお、副詞の最上級の場合、前に the をつけないこともある。

❼比較的長い形容詞や副詞を最上級にするときは、語形を変化させるのではなく、前にmost をおく。

ここからは、比較級・最上級を使ったさまざまな表現について見ていきます。

❽「最も〜な…の1つ」は〈one of the ＋形容詞の最上級＋名詞〉の形で表す。この形では、形容詞の最上級のあとの名詞が複数形になる。

❾比較級のつくり方にかんする問題。「短母音＋子音字」でおわるものは、子音字を（ここでは g）を重ねて -er をつける。

❿最上級のつくり方にかんする問題。「子音字＋ y」でおわるものは、y を i に変えて -estをつける。
また、「みんなの中で」のように、"比較の場所や範囲" ではなく、"比較の対象全部" をひとまとめにして、「その中で」と言うときは、in〜 ではなく of〜 で表す。

2 ❶ better, than ❷ best ❸ Which,
larger ❹ much[far], younger
❺ darker, and, darker ❻ as, as
❼ not, as[so], as ❽ as, as, can
❾ the, tallest ❿ taller, than, any, other

解説

語形変化には、規則的な変化だけでなく不規則な変化もあります。比較級・最上級の場合も同じです。

❶形容詞 good（よい、じょうずな）の比較級と最上級は better と best。

❷副詞の well（よく、じょうずに）の比較級と最上級も better と best。

❸「どちらのほうが」は、疑問詞の Which で

表す。large は「e」でおわっているので、比較級にするときは -r をつける。

❹「あなたより若い」なので、young は比較級にする。その比較級を「ずっと」と強めるときは、much や far を使う。

❺ get dark は「暗くなる」の意味。ここでは、その dark（形容詞）を〈比較級＋ and ＋比較級〉の形で使う。これで「ますます暗く」という意味になる。

〈比較級＋ than 〜〉は、何かの点で一方が他方より "まさっている" ときに使う表現です。では、"同じくらい" のときはどうするのでしょうか。そんなときに使うのが〈as ＋形容詞〔副詞〕＋ as 〜〉の形です。

❻ become famous で「有名になる」の意味だが、ここは単に famous ではなく、as famous as 〜 の形にして「〜と同じくらい有名に」の意味にする。

❼「〜と同じくらい…」（as … as 〜）の否定は「〜ほど…ではない」の意味。
not as big as 〜 で「〜ほど大きくない」という意味になる。

❽ 熟語の問題。〈as … as ＋代名詞＋ can〉で「できるだけ…」の意味になる。〈as … as possible〉としても同じ意味になる。

❾最上級の文。形容詞の tall を tallest にして、その前に the をおく。

❿❾の最上級の文と同じ意味を表す文。比較の対象を「クラスのほかのどの男の子（any other boy）」にして、「ほかのどの男の子より背が高い」とすると「いちばん背が高い」と同じ意味になる。

Step! 実力養成テスト ……… p.56-57

1 ❶ hotter ❷ easier ❸ older
❹ more important ❺ better ❻ more

解説

比較級のつくり方を確認すると同時に、比較級を使ったさまざまな文の形にも慣れるようにしましょう。

❶ hot（あたたかい）は「短母音＋子音字」でおわるので、t を重ねて -er をつける。この文では、きょう（の天気）ときのう（の天気）が比べられている。

❷ easy（やさしい）は「子音字＋ y」でおわっているので、y を i に変えて -er をつける。

❸ old（年とった、〜歳の）はふつうに語尾に -er をつける。

❹ important（重要な）は前に more をつけて比較級にする。

❺ well（健康で、元気になって）の比較級は better。なお、この well（better）は副詞ではなく形容詞。

❻ much（多くの、多量の）の比較級は more。この more は名詞の money を修飾している。なお、many（多くの、多数の）の比較級も more。
このような many, much の比較級としての more は、長めの語（important など）を比較級にするときに使う more とは別もの。両者を混同しないようにしよう。more money は money の比較級ではない。

2 ❶ more ❷ as ❸ very ❹ much[far]

解説

❶比較級（ここでは more difficult）を使った比較の文では、比較の対象を than 〜 で表す。

❷ as … as を使った比較の文では、比較の対象を as 〜 で表す。比較の対象の表し方のちがいを確認しておこう。

❸形容詞や副詞を「とても」と強めるときは very を使う。

❹形容詞や副詞の比較級を「ずっと」と強めるときは much を使う。比較級を強める副詞

としては、ほかに far（はるかに、ずっと）も
ある。

3 ❶エ ❷ア ❸ウ ❹エ ❺ア ❻ウ

解説

❶空所の前に the があることから、最上級の
文だとわかる。「背が高い」は high ではなく
tall。「あなたのクラスではだれがいちばん背
が高いですか」

❷空所の前後に as があることから、〈as … as
〜〉の表現だとわかる。「その湖は私たちの
町と同じくらい大きい（＝広い）」

❸直後の文で「（あなたに）ついていけない」
と言っていることから、「もっとゆっくりと歩
いてくれませんか」という意味にするのが自
然。

❹この文は「この問題は3つ（の問題）の中でい
ちばんむずかしい」という意味。文末の the
three（その3つ）は the three questions
のこと。このように、"比較されるもの（＝比
較の対象）全部の中で"というときは、in 〜
ではなく of 〜 にする。

❺「犬とネコでは、どちらがより好きですか」
という文。「A か B か」という選択のときは、
疑問詞は which を使う。

❻「彼女はトムの3倍の数の本を読む」がこの
文の意味。three times as many … as 〜
（〜の3倍の数の…）の形にする。

4 ❶（実際の）年より若く
❷いまのほうが 10 年前より若く
❸母より6歳年上です
❹ますますよくなってきています

解説

比較表現は、比較の対象を変えることによっ
てさまざまな意味を表すことができます。ま
た、修飾語句がついたり熟語化したりするこ
と

によっても表現がゆたかになります。

❶この文では、She looks（〜に見える）と、
she is（〜である）が比較されている。「〜で
ある」とは、見た目ではなく実際の若さ（＝
年齢）のこと。つまり、比較の対象は「彼女
の実際の年齢」ということになる。

❷この文では、比較の対象は ten years ago
（10 年前）、つまり、「10 年前の自分」という
ことになる。

❸比較級の前に "程度" を表す語句をおくこと
がある。この文では older の前に six years
をおいて「6歳年上で」という意味を表して
いる。

❹〈比較級＋比較級〉は「ますます〜」という
意味の熟語表現。get better and better で
「ますますよくなる」という意味。

Jump! 実戦力テスト ……………p.58-59

1 ❶ smaller ❷ not, as, tall
❸ than, any, other
❹ No, other, science ❺ as, old, as
❻ the, most, important

解説

❶「あなたの犬は私の犬より大きい」を、単純
に主語を入れかえて、「私の犬はあなたの犬
より小さい」という意味にする。形容詞も反
対の意味のもの（small）にする。

❷「トムはビルより背が高い」を、やはり主語を
入れかえて、「ビルはトムほど背が高くない」
という意味にする。ここでは〈not as … as
〜〉の形を使う。

❸「彼はクラスでいちばん足が速い」を「彼はク
ラスのほかのどの生徒よりも速く走ることが
できる」という意味にする。

❹「理科は私にとっていちばん興味深い科目で
す」を「ほかのどの科目も私にとって理科ほ
ど興味深くはない」という意味にする。

⑤「私たちの先生は私の父と同い年です」という意味。the same … as 〜 で「〜と同じ…」の意味。これを〈as … as 〜〉の形を使って書きかえる。形容詞の old を使う。

⑥「健康よりたいせつなものは何もない」を「健康はいちばんたいせつなものです」という意味の最上級の文に書きかえる。

2 ❶ His condition is getting <u>worse</u> day by day. ❷ The mountain is <u>much [far]</u> higher than Mt. Takao. ❸ She always works twice as <u>hard</u> as others. ❹ He is one of the greatest <u>musicians</u> in the world.

解説

❶「彼の体調は日ごとに悪くなっている」：bad の比較級は worse。なお、ここで使われている get は「〜になる」の意味。

❷「その山は高尾山よりずっと高い」：比較級（ここでは higher）を強めるときは、very ではなく、much や far を使う。

❸「彼女はいつもほかの人たちの 2 倍、一生けんめい働く」：〈twice as … as 〜〉で「〜の 2 倍…」の意味。as と as のあいだの形容詞や副詞は比較級にしない。

❹「彼は世界で最も偉大な音楽家の1人です」：〈one of the ＋形容詞の最上級＋名詞〉の形では、名詞は複数形になる。

3 ❶ I cannot cook as well as my mother. ❷ For me, math is the most difficult subject of all. ❸ This is one of the best movies of the year. ❹ There were more than a hundred people in the room. ❺ Which is more popular in Japan, baseball or soccer? ❻ You should start as early as you can.

解説

❶「母ほどじょうずに…できない」を、〈not + as … as 〜〉（〜ほど…ではない）の形を使って表す。

❷「いちばんむずかしい科目」を、最上級を使って the most difficult subject とする。

❸「最もすぐれた映画の1本」を、〈one of the ＋形容詞の最上級＋名詞〉の形で表す。

❹「〜以上の人」を、more than 〜（〜より多い、〜を越える）を使って表す。

❺「どちらのほうが人気があるか」を、Which is more popular …? で表す。

❻「できるだけ早く」を、〈as … as ＋代名詞＋can〉（できるだけ…）の形で表す。as early as you can となる。

4 ❶ It is much[far] colder here than in Tokyo. ❷ What is the most important thing in your life? ❸ The country is ten times as large as Japan. ❹ She is becoming more and more beautiful.

解説

❶「ここは寒い」を英語でいうと、It is cold here. となる。「東京より」という比較の意味を加えると、It is colder here than in Tokyo. となる。「ずっと」は much や far で表す。

❷「いちばんたいせつなもの」は、the most important thing。「あなたの人生で」（＝比較の範囲）は in your life とする。

❸「広さがある」という日本語にとらわれると答えが出にくい。形容詞の large（大きい、広い）を使って表す。「〜の 10 倍の広さがある」は ten times as large as 〜 となる。

❹「ますます〜」は〈比較級＋比較級〉で表すが、beautiful のように、前に more をおく比較級の場合は、more を重ねて more and more beautiful とする。

8
受け身表現

Hop! 基礎確認テスト ……… p.62-63

1 ❶ clean ❷ is, cleaned
❸ was, built ❹ is, written, in
❺ is, loved, by ❻ was, covered, with
❼ is, made, from
❽ was, surprised, at[by]
❾ was, born ❿ is, not, spoken

解説

受け身の文とは、動作主ではなく、動作を受ける側（＝動作の対象）が主語になる文です。受け身の文では、主語のあとに〈be動詞＋過去分詞〉の形がきます。

❶「彼ら（＝動作主）はそうじする（＝動作をする）」というふつうの文なので、動詞の clean（そうじする）をそのまま使う。

❷「この部屋（＝動作の対象）はそうじされる（＝動作を受ける）」という受け身の文なので、〈be動詞＋過去分詞〉の形にする。

❸受け身の文を過去にするときは、be動詞を過去形にする。

受け身の文では、〈be動詞＋過去分詞〉のあとにしばしば重要な内容がくるので、注目するようにしましょう。

❹この文では、in English（英語で）という部分が意味的に重要。受け身の文では、こうした重要な内容が、しばしば〈前置詞＋名詞〉の形で表される。

❺この文では、by everyone（みんなから）の部分が意味的に重要。この by 〜 は動作主を表している。

❻〈be動詞＋過去分詞＋前置詞〉の形が熟語化することもある。be covered with 〜 で

「〜でおおわれている」の意味。

❼これも熟語表現。be made from 〜 で「〜からつくられる」の意味。これは材料が質的に変化してつくられるときに使う。

英語に特有の受け身表現があります。そういうものにも慣れるようにしましょう。

❽感情を表すとき、しばしば受け身が使われる。この文では、「おどろかす」という意味の surprise という動詞が受け身になり、「おどろかされる」⇒「おどろく」という感情表現になる。

❾「生まれる」「けがをする」なども、受け身を使って表す。この文では、「生む」という意味の bear という動詞が受け身になり、「生まれる」という意味になる。

❿受け身の否定文のつくり方は、be動詞の否定文と同じで、be動詞のあとに not をおけばよい。

2 ❶ When, was, built
❷ were, killed ❸ invited, us
❹ were, invited, by, John ❺ sell
❻ are, sold ❼ me, this, watch
❽ was, given, this, watch ❾ is, called
❿ was, spoken[talked], to, by

解説

❶受け身の疑問文のつくり方は、be動詞の疑問文と同じ。疑問詞ではじまる場合は〈疑問詞＋be動詞＋主語〉が文頭にきて、そのあとに過去分詞がつづく。

❷これも疑問詞を使った疑問文だが、疑問詞をふくむ How many people が文の主語なので、そのあとはふつうの文の形（ここでは受け身の文の形）がつづく。
ここでは、「亡くなった」を、「（事故や災害などで）死亡させる」という意味をもつ動詞 kill を受け身にして表す。

ふつうの文（能動態の文）と、それを受け身（受動態）に書きかえた文を比べて、文の各要素がどのように変化するかを見ておきましょう。

❸〈主語＋動詞＋目的語〉の文。動作主の John が、動作を受ける側の us を「招待した（invited）」という文。

❹上を受け身にした文。動作を受ける側の We が、動作主の John によって（by）、「招待された（was invited）」という文。

❺〈主語＋動詞＋目的語〉の文。動作主（＝主語）の They は、特定の人ではなく、お店の人たちをばくぜんとさしている。このような動作主は、受け身の文になると示す必要がなくなる。

❻上の文を受け身にしたもの。❺の文で目的語だった vegetables が主語になり、動詞 sell が受け身の形（are sold）になる。動作主は特に示す必要はない。

❼〈主語＋動詞＋間接目的語＋直接目的語〉の文。語順に注意。間接目的語の「私に（me）」が先にくる。

❽上の文を、間接目的語を主語にして受け身にした文。上の文の直接目的語は〈be動詞＋過去分詞〉のあとにくる。

❾〈主語＋動詞＋目的語＋補語〉の形の文（They call him Bob.）を受け身にしたもの。目的語（him）が主語（He）となり、動詞の call が受け身の形（is called）になる。

❿「〜に話しかける」は speak to 〜。speak to は句として1つの意味を表すので、この形のまま受け身にする。be spoken to で「話しかけられる」という受け身の意味になる。動作主（＝話しかける人）は by 〜 で示す。

Step! 実力養成テスト ……… p.64-65

1 ❶ visited ❷ flying ❸ made ❹ seen ❺ running ❻ read

［解説］

be動詞のあとに現在分詞がくると「進行形」になり、過去分詞がくると「受け身」になります。動詞の変化形をおぼえながら、この2つの表現をしっかりと定着させましょう。

❶日本語は「多くの旅行客が訪れます」となっているが、英文の主語は The castle（その城）なので、受け身の文にする。

❷「飛行機は…飛んでいます」は、現在進行形で表す。

❸「〜でできている」は「〜でつくられている」ということなので、受け身で表す。be made of 〜（〜でできている）は熟語としておぼえよう。

❹富士山は「見る」側ではなく、「見られる」側。したがって、受け身で表す。

❺「走りまわっていました」は、過去進行形で表す。run の現在分詞は、語尾の n を重ねて running とする。

❻「読まれています」は、受け身で表す。read の過去分詞は read（発音は [réd]）。

2 ❶ cooked ❷ was stolen ❸ English ❹ laughed at by

［解説］

❶主語の Who は「ディナーをつくる」という動作の"動作主"。主語が動作主となる文は受け身ではない。

❷主語の What は「ぬすむ」という動作の"動作主"ではなく"動作を受ける側"。このような場合は受け身になる。

❸この文は teaches us English（私たちに英語を教える）を、間接目的語の「私たち」を主語にして受け身にしたもの。直接目的語の English が〈be動詞＋過去分詞〉のあとにくる。

❹laugh（笑う）は自動詞だが、laugh at 〜（〜を笑う）の形になると、他動詞のはた

らきをするようになるため、受け身にできる。受け身にするときは、その形のまま be laughed at とする。

3 ❶ with ❷ at[by] ❸ from ❹ by ❺ in ❻ to

解説

前に見たように、〈be動詞＋過去分詞〉のあとにはしばしば〈前置詞＋名詞〉の形がきます。ここでは、その前置詞に注目して受け身の文を見てみましょう。

❶「通りは人びとでいっぱいだった」：
be filled with ～ で「～でいっぱいである」という意味の熟語。

❷「彼らは彼女の才能におどろいた」：
be surprised at ～ で「～におどろく」という意味の熟語。at のほかに by も使える。

❸「ワインはブドウからつくられる」：
be made from ～ で「～からつくられる」という意味の熟語。

❹「この写真はある有名な写真家によって撮られた」：動作主（ここでは写真を撮った人）は by ～ で表す。

❺「彼女は日本文化に興味がある」：
be interested in ～ で「～に興味がある」という意味の熟語。

❻「この寺は外国からの観光客によく知られている」：be known to ～ で「～に知られている」という意味の熟語。

4 ❶ ラッキーと名づけられた
❷ 金メダルをあたえられた（＝もらった）
❸ 北海道で生まれた
❹ その事故でけがをした

解説

❶と❷の文では、〈be動詞＋過去分詞〉のあとに名詞がきています。比較的少ない形です。こ

れらの名詞の役割に注目しましょう。

❶この文は、name A B（A を B と名づける）を、A を主語にして受け身にした形の文（⇒ A は B と名づけられる）。

❷この文は、give A B（A に B をあたえる）を、A を主語にして受け身にした形の文（⇒ A は B をあたえられる）。

❸ be born で「生まれる」の意味。これも受け身の表現。

❹ injure は「けがをさせる」という意味の動詞。be injured で「けがをさせられる」⇒「けがをする」という意味になる。

Jump! 実戦力テスト …………… p.66-67

1 ❶エ ❷イ ❸ア ❹エ ❺ウ

解説

❶「彼女はその美しい光景に興奮した」：
excite は「興奮させる、わくわくさせる」という意味の動詞。be excited で「興奮する、わくわくする」という意味になる。
なお、過去分詞はしばしば形容詞化する。この excited は形容詞と考えてもよい。

❷「その戦争でどれだけの数の人びとが亡くなりましたか」：事故や戦争などで「死亡する」というときは、しばしば be killed という受け身表現が使われる。なお、die（死ぬ）は自動詞なので、受け身にはしない。

❸「私はジョンによってその少女に紹介された」：introduce A to B（A を B に紹介する）を受け身にすると、A が主語の位置に行き、to B が過去分詞のあとにくる。

❹「彼らは彼の演奏に満足した」：be satisfied with ～ で「～に満足する」という意味。

❺「彼の演説は多くの人によって聞かれた（＝多くの人が彼の演説に耳をかたむけた）」：
listen は自動詞なので、そのままでは受け身にならないが、listen to ～（～を聞く）の形

では受け身になる。

2 ❶ This game is loved by young people. ❷ I was given this dress by my mother. / This dress was given (to) me by my mother. 〈to を入れるのがふつう〉 ❸ He was spoken to by a police officer. ❹ She is called Angel by her friends. ❺ Spanish is spoken in Mexico.

解説
❶ 「若い人たちはこのゲームが大好きだ」：この文の目的語 (this game) を主語にして受け身の文にする。もとの文の主語 (ここでは young people) は by 〜 の形で示す。
❷ 「母が私にこのドレスをくれた」：この文には目的語が２つあり (me と this dress)、どちらを主語にしても受け身の文にできる。主語にならなかったほうの目的語は過去分詞 (given) のあとにくる。
❸ 「警察官が彼に話しかけた」：speak to 〜で「〜に話しかける」という意味。この形のままで受け身にする。
❹ 「彼女の友人たちは彼女を天使と呼ぶ」：〈主語＋動詞＋目的語＋補語〉の文。受け身にすると、補語 (Angel) は過去分詞 (called) のすぐあとにくる。
❺ 「メキシコでは (人びとは) スペイン語を話す」：目的語 (Spanish) を主語にして受け身にする。元の文の主語の They は "一般の人びと" をさすので、受け身にした場合、by 〜 で示すことはしない。

3 ❶ This room is not used by anyone. ❷ This postcard was sent to me by my sister. ❸ When was his first book published? ❹ The festival will be held in January next year.

❺ The door was left open all day. ❻ The boy is taken care of by his grandmother.

解説
❶ 日本語は「使っていない」だが、This room が主語なので、「使われていない」(is not used) というように受け身で表す。
❷ 「私に送られてきた」を、受け身を使って was sent to me と表す。
❸ 「いつ出版されたか」は、When のあとにふつうの受け身の疑問文の形 (be動詞＋主語＋過去分詞) をつづける。なお、主語は his first book。
❹ 「開催される」のは未来のことなので、〈will be ＋過去分詞〉の形にする。
❺ 「ドアは…開けっぱなしにされていた」は、left the door open (ドアを開けたままにした) を受け身の形にする。
❻ 「世話してもらっている (＝世話されている)」は、take care of 〜 (〜の世話をする) をそのままの形で受け身にする。

4 ❶ This cup is made of paper. ❷ The baby was born last night. ❸ I'm not interested in money. ❹ What is this flower called in Japanese?

解説
❶ 「〜でできている」を be made of 〜 で表す。「紙 (paper)」は数えられない名詞なので、a をつけたり複数形にしたりしない。
❷ 「生まれる」を be born で表す。
❸ 「〜に興味がある」は be interested in 〜で表す。「お金 (money)」は数えられない名詞。
❹ 「この花は〜と呼ばれている」なら、This flower is called 〜 だが、「何と呼ばれているか」なので、What を文頭において疑問文にする。「日本語で」は in Japanese。

9 現在完了

Hop! 基礎確認テスト ……… p.70-71

1 ❶ have, lost ❷ Has, eaten[had], has ❸ went ❹ has, gone ❺ just, finished[done] ❻ already, eaten[had] ❼ haven't, read, yet ❽ left[started], yet, hasn't ❾ live ❿ have, lived, for

解説

英語には「現在完了」という時間の表現があります。その基本を見ておきましょう。

❶単に「うで時計をなくした」ではなく、「なくしてしまって、いまない」という"現在の状態"もふくめて伝えるとき、現在完了を使う。現在完了は〈have ＋過去分詞〉で表す。ここでは lose の過去分詞を使う。

❷「食べてしまいましたか」には、「(もう) 食べおわっていますか」という"現在の状態"をたずねる意味がふくまれており、現在完了で表す。

なお、現在完了は、主語が3人称で単数のときは〈has ＋過去分詞〉の形になる。

また、現在完了の疑問文は〈Have[Has] ＋主語＋過去分詞…?〉の形にする。

現在完了には、このように"完了"(＝動作の完了)とその"結果"(＝現在の状態)を表す用法があります。

❸これは過去のできごとを客観的にのべている文。動詞の過去形 (went) で表す。

❹単に「行った」ではなく「行ってしまって、いまは向こうにいる」という"現在の状態"もふくめた言い方なので、現在完了 (has gone) を使う。

❺これも単に「おえた」ではなく「いまおえたば

かり」という"現在の状態"もふくまれているので、現在完了を使う。

この"完了・結果"を表す用法では、しばしば副詞の just (ちょうど) が使われる。just は過去分詞の前におく。

❻これも現在完了の"完了・結果"を表す用法。この用法では副詞の already (すでに) もよく使われる。

❼"完了・結果"を表す現在完了の否定文。have や has のあとに not をおく。ここでは短縮形の haven't を使う。

否定文では、副詞の yet (まだ) がよく使われる。yet はふつう文末におく。

❽"完了・結果"を表す現在完了の疑問文。疑問文の形は❷の解説でのべた通り。疑問文でも yet がよく使われるが、疑問文では「もう」の意味になる。

現在完了には、過去から現在までの"継続"を表す用法もあります。

❾これは単に現在の事実をのべている文。動詞の現在形 (ここでは live) で表す。

❿単に「住んでいる」ではなく「(5年間ずっと) 住んでいる」という"(現在までの) 継続"の意味がふくまれている。このようなときも現在完了を使う。

この"継続"を表す用法では、期間を表す for 〜 (〜のあいだ) がよく使われる。

2 ❶ been, busy, since ❷ How, long, lived ❸ seen[watched], three, times ❹ has, never, fallen ❺ Have, ever ❻ has, been, playing ❼ has, been, loved ❽ been, to ❾ ever, been, to ❿ Where, have, been

解説

❶これも"継続"を表す内容 (きのうからずっといそがしい) なので、現在完了で表す。

be動詞の過去分詞は been なので、現在完了は have been 〜 の形になる。
"継続"を表す用法では、期間を表す for 〜のほかに、起点を表す since 〜（〜以来、〜から）もよく使われる。

❷ "継続"の期間をたずねるときはHow long（どのくらいのあいだ）を使う。

現在完了には、現在までの"経験"を表す用法もあります。

❸「〜を（いままでに）3回見たことがあります」という文は（現在までの）"経験"を表している。この用法では、回数を表す 〜 times（〜回）という句がよく使われる。

❹ "経験"を表す現在完了の否定文。この用法では、否定の意味を表すのに、never（1度も…ない）がよく使われる。never は過去分詞の前におく。

❺ "経験"を表す現在完了の疑問文。副詞の ever（いままでに）がよく使われる。ever は過去分詞の前におく。

以上が現在完了の基本的な用法です。ここから先は、そうした用法の応用として、いくつかの表現を見ておきます。

❻ 現在進行形（be 〜 ing）が現在完了になると、〈have been 〜 ing〉の形になり、（現在までの）"動作の継続"を表す。これを「現在完了進行形」という。

❼ 受け身（be ＋過去分詞）が現在完了になると、〈have been ＋過去分詞〉の形になる。ここでは "継続"の意味で使われている。

❽〈have been to 〜〉で「〜へ行ったことがある」という"経験"の意味を表す。

❾〈have been to 〜〉の文が疑問文になった形。副詞の ever は been の前におく。

❿〈have been to 〜〉は、「（いま）〜へ行ってきたところだ」という"完了・結果"の意味を表すこともある。この文は to 〜 の部分を

where（どこへ）でたずねる形になっている。

Step! 実力養成テスト……… p.72-73

1 ❶ visited ❷ haven't finished ❸ has been angry ❹ did you go ❺ hasn't returned

【解説】

この問題を通して、現在完了の文と過去の文のちがい、現在完了の文と現在の文のちがいを確認しましょう。

❶ 現在完了は、「先月（last month）…した」というように、過去の1時点のできごとをのべるために使うことはない。

❷「まだ…おえていない」は、現在完了の"完了・結果"の用法で表す。yet（まだ）に注目。

❸「きのうからずっと…」は、現在完了の"継続"の用法で表す。since 〜（〜から）に注目。

❹「いつ（When）…しましたか」の「いつ」は、過去の1時点を想定しているので、現在完了は使わない。

❺「1年間（ずっと）家に帰っていない」は、現在完了の"継続"の用法で表す。for 〜（〜のあいだ）に注目。

2 ❶ I haven't had lunch yet.
❷ Have you lost your passport?
❸ How many times has she visited New York?
❹ How long has he been staying here?
❺ Where have you been?

【解説】

❶「私は昼食をもう食べてしまった」⇒「私はまだ昼食を食べていない」：現在完了の否定文は〈have not[haven't] ＋過去分詞〉の形にする。「まだ」は yet で表す。

❷「あなたはパスポートをなくしてしまった」⇒

34

「パスポートをなくしてしまったのですか」：現在完了の疑問文にするので、have を主語の前に出す。

❸「彼女は2回ニューヨークを訪れたことがある」⇒「彼女は何回ニューヨークを訪れたことがありますか」：回数をたずねるときは How many times（何回）ではじめる。

❹「彼は1週間ここに滞在しています」⇒「彼はどのくらいここに滞在しているのですか」：継続の期間をたずねるときは How long（どのくらいのあいだ）ではじめる。

❺「あなたは（いま）郵便局へ行ってきたところだ」⇒「あなたは（いま）どこへ行ってきたのですか」：場所をたずねるときは Where（どこへ）ではじめる。Where have you been? は決まった言い方。

3 ❶ since ❷ times ❸ ever ❹ just ❺ for ❻ yet

解説

現在完了の文では、決まった副詞や副詞句がよく使われます。そうした語句になじむことも、現在完了の学習に欠かせません。

❶「彼はこの前の月曜日から病気です」："継続"を表す文。継続の起点を since 〜（〜から）で表す。

❷「私はそのレストランに数回行ったことがある」："経験"を表す文。「〜回」という意味を 〜 times で表す。

❸「あなたはいままでに納豆を食べたことがありますか」："経験"を表す文。「いままでに」という意味を ever で表す。

❹「彼女はちょうどいまカナダから帰ってきたところだ」："完了・結果"を表す文。「ちょうどいま」という意味を just で表す。

❺「その赤ちゃんは2時間眠りつづけている」："動作の継続"を表す文。継続の期間を for 〜 で表す。

❻「もう歯をみがいてしまいましたか」："完了・結果"を表す用法。「もう」という意味を yet で表す。

4 ❶ has, gone ❷ been, since ❸ never, visited ❹ has, been

解説

❶「彼女はフランスへ行き、いまもそこにいる」⇒「彼女はフランスへ行ってしまった」：現在完了の "完了・結果" で表す。

❷「彼は1997年にパイロットになり、いまもパイロットして働いている」⇒「彼は1997年から（ずっと）パイロットです」：現在完了の "継続" で表す。

❸「今回が私のはじめてのハワイ訪問だ」⇒「私は以前ハワイを訪れたことはない（＝今回がはじめてだ）」：現在完了の "経験" で表す。

❹「彼は7年前に死んだ」⇒「彼は7年間死んでいる（＝死んで7年になる）」：現在完了の "継続" で表す。日本語で「7年間死んでいる」というと変だが、英語では使う表現。

Jump! 実戦力テスト p.74-75

1 ❶ ウ ❷ エ ❸ ウ ❹ ア ❺ ウ ❻ イ

解説

❶「私の母はこの町で生まれた」：be born で「生まれる」の意味。受け身表現。

❷「ここはどこ？ 私は道に迷ってしまった」：lose 〜's way で「道に迷う」の意味。ここでは、これを現在完了の "完了・結果" の用法で使う。なお、be lost で「道に迷う」の意味があるが、ここでは使えない。

❸「私たちはおたがいを10年間知っている（＝知り合って10年になる）」：現在完了の "継続" を表す文。継続の期間を for 〜 で表す。

❹「私はほんの数日前にその映画を見た」：

はっきりと「数日前」と言っているので現在完了は使わない。過去形で表す。

❺「私はヨーロッパへは1度も行ったことがない」：現在完了の"経験"を表す have been to ~（~へ行ったことがある）の形を使う。

❻「彼女は何度も海外旅行をしたことがある」：現在完了の"経験"を表す文。「何度も」という意味を many times で表す。

---

2 ❶ I haven't done my homework yet.　❷ This letter is written in a foreign language.　❸ They have been traveling in Japan for a week.　❹ When did you visit Japan for the first time?

解説

❶「私はまだ宿題をやっていない」：現在完了の否定文で「まだ」の意味を表すときは already ではなく yet を使う。

❷「この手紙は外国語で書かれている」：これは受け身の文なので is written とする。

❸「彼らは1週間日本を旅している」："動作の継続"を表す文。継続の期間を表すときは for ~ にする。since を使う場合は、since last week（先週から）などとする。

❹「あなたが初めて日本を訪れたのはいつですか」：When ではじまる疑問文では現在完了は使わない。過去の疑問文にする。

---

3 ❶ I have already returned the book to the library.　❷ I have wanted this car for years.　❸ They have just arrived at the airport.　❹ She has been his fan since childhood.　❺ How long have you been waiting for the bus?　❻ I have never read a more interesting book than this.

解説

❶「返してしまった」を現在完了（完了・結果）で表す。副詞の already は have と過去分詞のあいだにおく。

❷「何年間も（=ずっと前から）ほしかった」を現在完了（継続）で表す。for years で「何年間も」の意味。

❸「ちょうどいま着いたところ」を現在完了（完了・結果）で表す。副詞の just を have と過去分詞のあいだにおく。

❹「子どものころから彼のファンです」を現在完了（継続）で表す。since childhood で「子どものころから」の意味になる。

❺「どのくらい待っているのですか」を現在完了進行形で表す。継続の期間をたずねるときは How long を文頭におく。

❻「読んだことがありません」を現在完了（経験）で表す。never は過去分詞の前におく。なお、この文は、現在完了と比較級を使って最上級の意味を表している。

---

4 ❶ Have you ever listened to his music?　❷ I haven't seen him for a long time.　❸ Have you taken a bath yet?　❹ How many times have you seen the movie?

解説

❶「いままでに~を聞いたことがありますか」を現在完了（経験）の疑問文で表す。Have you ever listened to ~ となる。

❷「~とは長いあいだ会っていません」を現在完了（継続）の否定文で表す。「長いあいだ」は for a long time。

❸「もう入りましたか」を現在完了（完了・結果）の疑問文で表す。「もう」は yet。

❹「見たことがあるのですか」を現在完了（経験）の疑問文で表す。「何回」とあるので、How many times ではじめる。

10
句で表す

Hop! **基礎確認テスト** ……… p.78-79

1 ❶ to, play ❷ To, speak
❸ to, become[be] ❹ to, solve
❺ playing ❻ speaking ❼ sleeping
❽ stolen ❾ playing, the, piano
❿ painted[drawn], by

解説

動詞の前に to がつくと、それだけでいろいろなはたらきができるようになります。まず、そのうちの1つ、"名詞のはたらき" について見ていきましょう。

❶ play tennis (テニスをする) の play の前に to をつけると、「テニスをすること」という意味を表すことができる。この文では、それが動詞 like の目的語になる。

❷ 「英語を話すこと」も、同じようにして to speak English とする。この文では、それが主語の役割をする。

❸ 「歌手になること」も、同じようにして to become a singer とする。この文では、それが補語の役割をする。
　動詞の前に to がついた形を「不定詞」という。to のあとの動詞は原形となる。

❹ 「その問題を解くの (＝解くこと)」も、同じようにして to solve the problem とする。この文では、文頭に形式主語の It がおかれ、その It がさす to solve ～ は、文の後ろにおかれる (It = to solve ～)。

動詞はまた ～ing の形になることによって "名詞のはたらき" をすることもあります。これを「動名詞」といいます。

❺ play the piano (ピアノをひく) の play を

playing にすると、「ピアノをひくこと」という意味を表すことができる。この文では、それが動詞 like の目的語になる。

❻ 「英語を話すこと」も、上と同じようにして speaking English とする。この文では、それが前置詞 at の目的語になる。なお、動名詞はこのように前置詞の目的語になれるが、不定詞はなれない。

動詞の現在分詞 (～ing) と過去分詞は、進行形や受け身などで使う変化形ですが、それらは "形容詞のはたらき" をして、名詞を修飾することもあります。

❼ 「あの眠っている赤ちゃん」の「眠っている」は、動詞 sleep (眠る) の現在分詞 sleeping で表すことができる。

❽ 「ぬすまれた車」の「ぬすまれた」は、動詞 steal (ぬすむ) の過去分詞 stolen で表すことができる。過去分詞が形容詞的に使われる場合は、しばしば「～された」というように受け身の意味を表す。

❾ 「ピアノをひいている女の子」の「ピアノをひいている」は、playing the piano で表すことができる。ただし、このように現在分詞に目的語などの語句がつくときは、修飾する名詞の "後ろ" におく。

❿ 「ピカソによって描かれた絵」の「ピカソによって描かれた」は、painted by Picasso で表すことができる。ただし、このように過去分詞に副詞句などの語句がつくときは、修飾する名詞の"後ろ"におく。

2 ❶ to, visit ❷ to, live, in ❸ to, support ❹ to, go, to ❺ with, long, hair ❻ near[by] ❼ after, school ❽ to, buy ❾ to, know ❿ too, to, walk

解説

不定詞 (to +動詞の原形) や前置詞の句 (前置

詞＋名詞）も "形容詞のはたらき" をして、名詞を修飾することがあります。

❶「訪れるべき」を、不定詞の句 to visit で表す。形容詞のはたらきをする不定詞の句は、修飾する語（ここでは places）の後ろにおく。

❷「住むための」を、不定詞の句 to live in で表す。「〜に住む」は live in 〜 なので、in をつけたまま不定詞にする。

❸「自分（＝彼）を支えてくれる」を、不定詞の句 to support him で表す。

❹「寝る（＝就寝する）時間」の「寝る」を、不定詞の句 to go to bed で表す。

❺「長い髪をもつ」を、前置詞の with（〜をもっている）を使った句 with long hair で表す。この句は修飾する語（ここでは girl）の後ろにおく。

前置詞の句や不定詞の句はまた、"副詞のはたらき" をして、さまざまな意味を表すことがあります。

❻「海辺の近くに」という副詞的意味（場所）を、前置詞（ここでは near）を使って表す。

❼「放課後に」という副詞的意味（時）を、前置詞（ここでは after）を使って表す。こうした形の句はしばしば熟語となる。

❽「カメラを買うために（＝買いに）」という副詞的意味（目的）を、不定詞を使って表す。buy a camera（カメラを買う）の前に to をつけると、「カメラを買うために」という意味を表すことができる。

❾「本当のことを知って」という副詞的意味（感情の原因）を、不定詞を使って表す。know the truth（本当のことを知る）の前に to をつけると、「本当のことを知って」という意味を表すことができる。

❿「つかれすぎていて、〜できなかった」を、不定詞を使った熟語の too … to 〜 で表す。too … to 〜 は「〜するには…すぎる」⇒「…すぎて〜できない」という意味を表す。

1 ❶ サッカーをすること
❷ テレビでサッカーの試合を見て（＝テレビでサッカーの試合を見ることを）
❸ よい本を読むこと ❹ 映画をつくること
❺ このチームの一員であること
❻ その試験に合格すること

[解説]

"名詞のはたらき" をする不定詞と動名詞の句について、それらが文の中でどのような役割をしているかに注目しながら、しっかりと理解するようにしましょう。

❶ To play soccer が文の主語の役割をしている。

❷ watching a soccer game〜 が動詞 enjoy の目的語の役割をしている。
enjoy 〜ing で「〜することを楽しむ、〜して楽しむ」という意味。

❸ Reading a good book が文の主語の役割をしている。この文は次のように訳すこともできる。「よい本を読むと私たちは幸せな気持ちになる」

❹ to make a movie がこの文の補語の役割をしている。

❺ being a member of 〜 が前置詞 of の目的語の役割をしている。動名詞の being（…であること）をしっかり訳すこと。

❻ to pass the exam が文の主語の役割をしている。ただし、通常の主語の位置には形式主語の It がおかれていて、It ＝ to pass the exam の関係。

2 ❶ at ❷ to ❸ for ❹ to

[解説]

前置詞の句も不定詞の句も、しばしば "副詞のはたらき" をします。

38

❶「そのニュースにおどろいた」の「〜に」を、前置詞の at を使って表す。なお、不定詞で表すときは、to hear the news (そのニュースを聞いて) などとする。

❷「彼と再会できてうれしかった」の「〜できて」を、不定詞で表す。これは "感情の原因" を表す不定詞。

❸「言論の自由のために」の「〜のために」を、前置詞 for を使って表す。なお、不定詞で表すときは、to protect freedom of 〜 (〜の自由を守るために) などとする。

❹「家族を幸せにするために」を、不定詞の句 to make his family happy で表す。これは "目的" を表す不定詞。

3 　❶ あの (空を) 飛んでいる物体　❷ 川ぞいの桜の花 (＝その川にそって咲く桜の花)　❸ ギターをひいている男の子　❹ 何か食べるもの(＝食べ物)　❺ イタリア製の(＝イタリアでつくられた) 車　❻ 私と会う時間

|解説|

"形容詞のはたらき" をする句にはさまざまなものがありますが、どれも名詞を後ろから修飾します。このような "後置修飾" に慣れることも、英語学習では重要です。

❶現在分詞の flying が名詞の object を修飾している。このように、句ではなく1語で名詞を修飾するときは、名詞の前におく。ちなみに、unidentified flying object というと「未確認飛行物体」つまり「UFO」のことになる。

❷前置詞の句 along the river が cherry blossoms を修飾している。

❸現在分詞の句 playing the guitar が boy を修飾している。

❹不定詞の句 to eat が something を修飾している。

❺過去分詞の句 made in Italy が car を修飾している。

❻不定詞の句 to see me が time を修飾している。

4 　❶ in　❷ by　❸ enough　❹ too

|解説|

副詞のはたらきをする前置詞や不定詞の句は、しばしば熟語になっています。こうした熟語も少しずつおぼえていきましょう。

❶「彼は夕食に間に合うように帰宅した」：in time (for 〜) で「(〜に) 間に合って」の意味を表す。

❷「ジョーンズさんはこの家にひとりで住んでいる」：by 〜 self で「ひとりで、独力で」の意味を表す。

❸「彼はひとりで旅をすることができるほど大人だ」：… enough to 〜 で「〜するのに十分なほど…」の意味を表す。

❹「彼は内気すぎて彼女に直接話しかけられなかった」：too … to 〜 で「…すぎて〜できない」という意味を表す。

Jump! 実戦力テスト …………… p.82-83

1 　❶ウ　❷イ　❸イ　❹エ　❺ア　❻ウ

|解説|

❶「私たちは彼を見送りに空港へ行った」："目的" を表す不定詞 (to see 〜) にする。

❷「私は友人とコンサートに行くのが大好きです」：動名詞の句 (going to 〜) を動詞 love の目的語にする。

❸「彼女は最初は居心地がよくなかった」：at first で「最初は」という意味の熟語になる。

❹「近いうちお目にかかるのを楽しみにしています」：look forward to 〜 (〜を楽しみにして待つ) の to は前置詞なので、動名詞の

句 seeing 〜 を目的語にする。
❺「私は (まだ) 若すぎてその映画を理解でき
なかった」: too … to 〜 (…すぎて〜できな
い) の形にする。
❻「外国語を習得するのはむずかしい」: 不定
詞の句 to learn 〜 をさす形式主語の It を
文頭におく (It = to learn 〜)。

2 ❶ at, playing ❷ studying, art
❸ is, to, be ❹ called, Mike

❶「私の妹はじょうずにバイオリンをひく」⇒
「私の妹はバイオリンをひくのがとくいです」:
be good at 〜 (〜がとくいだ) を使って言い
かえる。at のあとは動名詞にする。
❷「私には友人がいる。彼はパリで芸術の勉強
をしている」⇒「私にはパリで芸術の勉強を
している友人がいる」: studying art 〜 を
形容詞のはたらきをする句にして、a friend
を後ろから修飾するようにする。
❸「私は科学者になりたい。それが私の夢です」
⇒「私の夢は科学者になることです」: 名詞
のはたらきをする句 to be a scientist を be
動詞の補語にする。
❹「私はアメリカ人の少年に会った。彼はマイ
クと呼ばれていた」⇒「私はマイクと呼ばれる
少年に会った」: called Mike を形容詞のは
たらきをする句にして、boy を後ろから修飾
するようにする。

3　❶ Getting up early is good for
your health.　❷ She was sad to hear
about the accident.　❸ Can I have
something cold to drink?
❹ He has a sister living in Australia.
❺ This is one of the best books written
by the author.

❻ I want to live in a house with a
garden.

❶「早起き」を、動名詞を使い、getting up
early (早く起きること) とする。
❷「〜について聞いて」を、"感情の原因"を表
す不定詞を使い、to hear about 〜 とする。
❸「何か冷たい飲み物」を、形容詞的用法の不
定詞を使い、something cold to drink と
する。-thing でおわる不定代名詞に対して
は形容詞 (cold) も後ろにおく。
❹「〜に住んでいる姉」を、形容詞のはたらき
をする現在分詞を使い、a sister living in
〜 とする。
❺「〜によって書かれた (…) 本」を、形容詞の
はたらきをする過去分詞を使い、… books
written by 〜 とする。
❻「庭のある家」を、前置詞の句を使い、a
house with a garden とする。

4 ❶ We often learn by[from] making
mistakes.　❷ I had to run to catch the
bus.　❸ It is important to have good
friends.　❹ Our team is strong enough
to win the final.

❶「まちがえることによって」は、動名詞を使
い、by making mistakes あるいは from
making mistakes とする。
❷「〜に乗るために」は、"目的"を表す不定詞
を使い、to catch 〜 とする。
❸「〜をもつこと」は、名詞的用法の不定詞を
使い、to have 〜 とする。そして、形式主語
の it を文頭におく。
❹「〜に勝つ力が十分にある」は、strong
enough to win 〜 (〜に勝つのに十分なほ
ど強い) とする。enough の位置に注意。

11 不定詞と動名詞と分詞

Hop! 基礎確認テスト ……… p.86-87

1 ❶ to write ❷ writing ❸ to meet
[see] ❹ meeting[seeing] ❺ reading
❻ to study ❼ talking[speaking]
❽ to talk[speak] ❾ for ❿ for

解説

like (〜が好き) のように、動名詞・不定詞ど
ちらが目的語になっても意味がほぼ同じ、とい
う動詞もありますが、どちらが目的語になるか
で意味が変わる動詞もあります。
❶動詞の try は、不定詞を目的語にすると、「〜
しようと努力する」という意味を表す。
❷ try は、動名詞を目的語にすると、「ためし
に〜してみる」という意味を表す。
❸動詞の forget は、不定詞を目的語にすると、
「〜することを忘れない」という意味を表す。
❹ forget は、動名詞を目的語にすると、「〜し
たことを忘れない」という意味を表す。
一般的に言って、不定詞は "未来の動作" を
表すことが多く、動名詞は "すでに現実となっ
た動作" を表すことが多い。

動詞の中には、(名詞や代名詞を別にすると)
動名詞だけを目的語にするものや、不定詞だ
けを目的語にするものもあります。
❺動詞の finish は、動名詞だけが目的語にな
る。「〜するのをおえる、〜しおえる」という
意味を表す。
❻動詞の promise は、不定詞だけが目的語
になる。「〜することを約束する」という意味
を表す。
❼動詞の stop は、動名詞だけが目的語になる。
「〜するのをやめる、中断する」という意味を
表す。

❽stopは不定詞を目的語にすることはない。だ
が、stopは自動詞にもなるので、後ろに "目
的" を表す副詞的用法の不定詞をつづけるこ
とはできる。その場合は「〜するために立ち
どまる〔していた動作をやめる〕」という意味
になる。

不定詞の表す動作にも、かならず動作主がい
ます。その動作主をはっきりと示す必要がある
ときは、不定詞の意味上の主語 (=動作主) を
つけます。
❾「子どもがこの本を読むこと」というように、
不定詞 (to read) の動作主が特定されてい
るので、意味上の主語をつける必要がある。
意味上の主語は、for 〜 を不定詞の前につ
けて表す。
❿この文の不定詞 (形容詞的用法) も、「彼女
が歌手になる (いい機会)」というように、動
作主が特定されているので、意味上の主語
(for 〜) をつける。

2 ❶ what, to, say ❷ how, to, use
❸ where, to, go ❹ want, you, to
❺ told, me, to ❻ allowed, me, to
❼ was, asked, to ❽ made, cry
❾ let, keep[have] ❿ helped, finish

解説

不定詞の前に疑問詞がついた形の句 (疑問詞
+ to 〜) は、名詞のはたらきをして、動詞の目
的語などになります。
❶「何を〜すればいいか」は what to 〜 の形で
表す。to のあとに say がくると「何を言えば
いいか」になる。
❷「〜のしかた (=どうやって〜するか)」は
how to 〜 の形で表す。to のあとに use
chopsticks がくると「はしの使い方」になる。
❸「どこへ〔どこで〕〜すればいいか」は where

to 〜 で表す。to のあとに go がくると「どこ
へ行けばいいか」になる。

動詞の中には、〈主語＋動詞＋目的語＋ to 〜〉
の形の文をつくるものがあります。代表的な動
詞は、want, tell, ask の3つです。これも不定
詞の重要な用法の1つです。

❹「人に〜してもらいたい」という意味を、〈want
＋人＋ to 〜〉の形で表すことができる。この
文では「人」＝ you（あなた）。

❺「人に〜するように言う、命じる」という意
味を、〈tell ＋人＋ to 〜〉の形で表すことがで
きる。この文では「人」＝ me（私）。

❻この形の文をつくる動詞はたくさんある。
allow という動詞もその1つ。「人が〜するこ
とを許す」という意味を、〈allow ＋人＋ to 〜〉
の形で表すことができる。

❼「人に〜してくださいと頼む」という意味を、
〈ask ＋人＋ to 〜〉の形で表すことができる。
ここでは「〜してくださいと頼まれた」とい
う意味なので、それを受け身にした形（be
asked to 〜）で表す。

〈主語＋動詞＋目的語＋原形〉の形の文をつく
る動詞もあります。ここではまず、make, let,
help の3つをおぼえましょう。

❽「人に〔を〕〜させる」という意味を、〈make
＋人＋動詞の原形〉の形で表すことができる。
「人」のあとに不定詞ではなく動詞の原形（こ
こでは cry）がくることに注意。

❾「人に〜させてあげる」という意味を、〈let
＋人＋動詞の原形〉の形で表すことができる。
この形の文は、人が何かしようとするのを、
そのままさせてあげるときなどに使う。

❿「人が〜するのを助ける、手伝う」という意
味を、〈help ＋人＋動詞の原形〉の形で表す
ことができる。
なお、help の場合、〈help ＋人＋ to 〜〉の
形で使うこともある。

Step! **実力養成テスト** ……… p.88-89

1 ❶ to lock ❷ to go ❸ worrying
❹ traveling, to travel ❺ to study
❻ playing

解説

不定詞は "未来の動作" を表すことが多く、動
名詞は "すでに現実となった動作" を表すこと
が多いということを頭に入れておきましょう。

❶「〜するのを忘れない」は、不定詞を使って
remember to 〜 とする。

❷「〜することを（＝しようと）決心する」
は、不定詞を使って decide to 〜 とする。
decide は不定詞のみを目的語にする。

❸「〜するのをやめる」は、動名詞を使って
stop 〜 ing とする。stop は動名詞のみを目
的語にする。

❹「〜するのが大好きです」は、動名詞も不定
詞も使える。love はどちらも目的語にできる。

❺「〜することを望む（＝したいと思う）」は、
不定詞を使って hope to 〜 とする。hope
は不定詞のみを目的語にする。

❻「〜するのを楽しむ（＝〜して楽しむ）」は、
動名詞を使って enjoy 〜 ing とする。enjoy
は動名詞のみを目的語にする。

2 ❶ 彼が〔彼には〕彼女を忘れること ❷
むずかしすぎて私には答えられない ❸ ど
うやって〔何と言って〕あなたに感謝すれば
いいのか ❹ どこで切符を買えばいいのか

解説

❶ for him to forget her の for him は不定
詞の意味上の主語。「彼が（＝彼には）彼女
を忘れること」という意味。

❷ too difficult for me to answer の for me
も不定詞の意味上の主語。「私が答えるには
あまりにもむずかしい」という意味。

③ how to thank you は「どうやってあなたに感謝したらいいか」という意味。

④ where to buy the ticket は「どこで切符を買えばいいのか」という意味。

3 ① to take ② covered ③ to take ④ writing ⑤ to lend ⑥ use

解説

不定詞・動名詞・分詞、さらには動詞の原形を、必要に応じて適切に使い分けられるようにしておきましょう。

① 「自分の世話をしてくれる」を形容詞的用法の不定詞の句 (to take care of ~) で表す。

② 「雪におおわれた」を形容詞的用法の過去分詞の句 (covered with ~) で表す。

③ 「どの列車に乗ればいいのか」を〈疑問詞＋不定詞〉の句で表す。ここでは which train to ~ の形になる。

④ 「詩や物語を書くこと」を動名詞の句 (writing ~) にして、それを前置詞 in の目的語にする。

⑤ 「～を貸してくれないかと頼みました」を〈ask ＋人＋ to ~〉(人に～してくださいと頼む) の形を使って表す。

⑥ 「～を使わせてくれました」を〈let ＋人＋動詞の原形〉(人に～させてあげる) の形を使って表す。不定詞ではなく動詞の原形になることに注意。

4 ① あなたに私たちのチームの一員になって〔チームに入って〕もらいたい
② 私がディナー〔夕食〕をつくるのを
③ 私を家にいさせた〔家から出さなかった〕
④ 見せるように言われた〔命じられた〕

解説

〈主語＋動詞＋目的語＋ to ~〉の文、〈主語＋動詞＋目的語＋原形〉の文、どちらの形についても、多くの例文に接して、慣れることがたいせつです。

① 〈want ＋人＋ to ~〉(人に～してもらいたい) の形を使った文。become a member of ~ は「～の一員になる」という意味。

② 〈help ＋人＋動詞の原形〉(人が～するのを手伝う) の形を使った文。

③ 〈make ＋人＋動詞の原形〉(人に～させる) の形を使った文。

④ 〈tell ＋人＋ to ~〉(人に～するように言う) を、人を主語にして受け身にした形の文。be told to ~ で「～するように言われる」という意味。

Jump! 実戦力テスト ………… p.90-91

1 ① ア ② エ ③ ウ ④ イ ⑤ ア ⑥ イ

解説

① 「私は彼に次は何をすればいいのかたずねた」：what to do で「何をすればいいか」という意味になる。この句では、what は do の目的語の役割をする。

② 「私が (＝私には) その山にのぼるのはとても大変だった」：不定詞 (to climb ~) に意味上の主語となる for me をつける。

③ 「近い将来ローマを再び訪れたいと思います」：hope は不定詞を目的語にして「～することを望む」という意味を表す。

④ 「あなたは自分の部屋をそうじしおわりましたか」：finish は動名詞を目的語にして「～するのをおえる」という意味を表す。

⑤ 「その本は私に物事を新しいやり方で見させた (＝その本を読んで私はものの見方が新しくなった)」：〈make ＋人＋動詞の原形〉で、「人に～させる」という意味を表す。in a new way は「新しいやり方で」という意味。

⑥ 「彼女は母親といっしょに買い物に行くのが好きです」：go ~ing で「～しに行く」の意

味。この 〜ing は現在分詞。

2 ❶ Please remember to wake me up at six tomorrow. ❷ She was wearing a pink dress made of silk. ❸ We enjoyed traveling around the world together. ❹ She told me to stop watching TV and (to) do my homework.

解説

❶ 「あす6時に私を起こすのを忘れないでください」：「〜するのを忘れない」というときは、remember to 〜 の形にする。

❷ 「彼女は絹でできたピンクのドレスを着ていた」：「〜でできた（＝〜でつくられた）ドレス」というときは、dress made of 〜 というように過去分詞を使う。

❸ 「私たちはいっしょに世界中を旅して楽しんだ」：enjoy は不定詞を目的語にしない。動名詞のみを目的語にする。

❹ 「彼女は私にテレビを見るのをやめて宿題をしなさいと言った」：〈tell ＋人＋ to 〜〉（人に〜するように言う）の形にする。

3 ❶ She started playing tennis at the age of six. ❷ I don't know when to talk to her. ❸ It wasn't easy for her to win the game. ❹ Let me introduce my best friend to you. ❺ He showed us how to ride a horse. ❻ We want you to make your dream come true.

解説

❶ 「テニスをはじめた」は、started playing tennis とする。start は不定詞も動名詞も目的語にする。

❷ 「いつ〜したらいいのか」は、when to 〜 で表す。「〜に話しかける」は talk to 〜。

❸ 「彼女には（＝彼女が）その試合に勝つこと」は、to win the game に意味上の主語となる for her をつける。

❹ 「（私に）〜させてください」は、〈let ＋人＋動詞の原形〉（人に〜させてあげる）の形を命令文（＝依頼を表す文）にして使う。
「B に A を紹介する」は introduce A to B の形で表す。ここでは、A が my best friend で B が you になる。

❺ 「馬の乗り方」は、how to 〜 の形を使って表す。「馬に乗る」は ride a horse。

❻ 「あなたに〜してほしい」は、want you to 〜 で表す。
「夢を実現する（＝夢を実現させる）」は、〈make ＋目的語＋動詞の原形〉（…を〜させる）の形を使って表す。ここでは、make のあとの目的語が「人」ではなくて「もの」（ここでは your dream）になる。come true は「実現する」という意味。

4 ❶ I forgot to return the book to the library. ❷ She decided to marry my brother. ❸ He helped me (to) solve the problem[question]. ❹ I asked him to come with me.

解説

❶ 「〜することを忘れる」は、forget to 〜 で表す。forget は、この意味では不定詞を目的語にする。

❷ 「〜することを決める」は、decide to 〜 で表す。decide は不定詞を目的語にする。

❸ 「人が〜するのを手伝う」は、〈help ＋人＋動詞の原形〉の形で表す。
なお、help は〈help ＋人＋ to 〜〉の形でも使えるので、そちらで答えても正解とする。

❹ 「人に〜してくださいと頼む」は、〈ask ＋人＋ to 〜〉の形で表す。

12
前置詞

Hop! 基礎確認テスト ……… p.94-95

1 ❶ in ❷ at ❸ on ❹ by ❺ until[till] ❻ for ❼ from, to[till, until] ❽ in ❾ at ❿ on

解説

前置詞は文の中では、つねに"句"として1つの役割をし、まとまった意味を表します。ここでは、その意味に注目しながら、さまざまな前置詞を見ていきます。最初は"時"を表す前置詞です。

❶ 「2002年に」は in 2002 とする。
前置詞の in は、「年」のほか、「季節」や「月」などを表すときにも使う。
in summer (夏に)
in September (9月に)
in the 19th century (19世紀に)
また、次のような決まった表現でも使う。
in the morning (朝に、午前に)
in the afternoon (午後に)

❷ 「6時30分に」は at six thirty とする。
前置詞の at は、「時刻」など、"時の1点"を示すときに使う。
at noon (正午に)
at the same time (同時に)
at (the age of) seven (7歳のときに)
また、次のような決まった表現もある。
at night (夜に)

❸ 「日曜日に」は on Sunday とする。
前置詞の on は、「曜日」のほか、「日」や「特定の日の午前・午後」などにも使う。
on July 7 (7月7日に)
on my birthday (私の誕生日に)
on Monday morning (月曜日の朝に)

❹ 「〜までに」というように、"期限"を表すときは by を使う。

❺ 「〜まで」というように、"継続"(の終点)を表すときは until を使う。until と同じ意味で till も使われる。"期限"を表す by (〜までに) とまぎらわしいので注意が必要。

❻ 「〜のあいだ、〜間」というように、"期間"を表すときは for を使う。
for two years (2年間)
for a long time (長いあいだ)

❼ 「〜から」というように、"起点"を表すときは from を使う。「〜まで」は to または till[until] を使う。
from morning till night (朝から晩まで)
from beginning to end (はじめからおわりまで)

次は"場所"や"位置"を表す前置詞です。"時間"(when)にかんする前置詞に対して、"空間"(where)にかんする前置詞といってもいいかもしれません。

❽ 「キッチンに」は in the kitchen とする。前置詞の in は、"1つの空間"を示すときに使う。
in the sky (空に〔で〕)
in New York (ニューヨークに〔で〕)
in my hand (私の手〔の中〕に)
in the picture (その写真の中に)

❾ 「次の角で」は at the next corner とする。前置詞の at は、"場所の1点"を示すときに使う。
at the station (駅で)
at the top of the hill (丘の頂上で〔に〕)
なお、同じ場所でも、とらえ方によって in になったり at になったりする。

❿ 「テーブルの上に」は on the table とする。前置詞の on は、表面に接して、その上にのっているときに使う。その表面は、地面でもテーブルでも壁でもかまわない。
on the floor (床の上に)

on the wall (壁にかかって)

on the blackboard (黒板に)

2 ❶ between ❷ among ❸ along ❹ across ❺ with ❻ by ❼ on ❽ into ❾ out, of ❿ in, front

解説

❶「(2つのもの) のあいだに」というときは、前置詞は between を使う。between A and B で「A と B のあいだに」という意味。

❷「(3つ以上のもの) のあいだに、〜の中で」というときは among を使う。

❸「(川など) にそって」というときは along を使う。along はまた「(道など) を通って」というときにも使う。

walk along the street (通りを歩く)

❹「(道・川など) を横切って」というときは across を使う。across はまた「(道・川など) の向こう側に」というときにも使う。

次は"方法・手段"(how) にかんする前置詞を見ていきましょう。

❺「(えんぴつ) で」というように、"道具"を表すときは with を使う。

work with a computer (コンピュータを使って仕事をする)

❻「(乗り物) で」というように、"移動手段"を表すときは by を使う。by のあとの乗り物を表す名詞は無冠詞。

❼「(テレビ) で」というように、"器具"を表すときはしばしば on を使う。

on the radio (ラジオで)

on the phone (電話で)

最後に、2つの語が結合してできた前置詞や、句として前置詞のはたらきをするものについて少し見ておきましょう。

❽「(部屋) の中へ」というように、動きをと

もなって「〜の中へ」というときは into を使う。これは in と to が結合してできた前置詞。

❾「(部屋) から外へ」というように、動きをともなって「〜から外へ」というときは out of を使う。

❿「〜の前に」という意味を in front of 〜で表す。この in front of は句全体で1つの前置詞のはたらきをする。

Step! 実力養成テスト………p.96-97

1 ❶ by ❷ during ❸ in ❹ since ❺ by ❻ for

解説

前置詞の学習では、とにかくたくさんの実例に接して、個々の前置詞に慣れ親しんでいくことがたいせつです。

❶「来月までには」は"期限"を表しているので by (〜までに) を使う。

❷ for も during も「〜のあいだ」という意味を表すが、あとに時間的な長さを表すことばがくるときは for を使い、あとに特定の期間や行事などを表すことばがくるときは during を使う。

❸ in は"時の経過"を表して、「〜たてば、〜後に」の意味で使うことがある。

❹「先週からずっと」というように"現在までの継続の起点"を表すときは since (〜以来、〜から) を使う。

❺「飛行機で」は"移動手段"を表しているので by (〜で) を使う。

❻ for は「〜のわりには、〜としては」の意味で使うことがある。

2 ❶ at ❷ with ❸ for ❹ on

解説

❶「私たちはある<u>フランス料理店</u>でディナーを

食べた」「英語の授業は<u>10 時から</u>（＝10 時<u>に</u>）はじまる」

❷「そのショートヘアを<u>もった</u>（＝ショートヘアの）少女は私の妹です」「私はよく<u>兄と</u>テニスをします」

❸「運動は健康に<u>（とって）</u>よい」「私は <u>10 年間</u>（ずっと）ここに住んでいる」

❹「彼は<u>9 月 10 日に</u>日本を発った」「<u>床（の上）</u>には美しいじゅうたんが（敷いて）あります」

3 ❶ into ❷ above ❸ under
❹ between ❺ across ❻ along

解説

❶「この川は東京湾(とうきょうわん)（の中）へと流(なが)れ込む」：
into には「〜の中へ」という意味がある。

❷「海の上で月が輝いている」：
above は「（離(はな)れて）上に、上で」というときに使う。ちなみに、on は「（接して）上に、上で」というときに使う。

❸「あの木の下でひと休みしましょう」：
under には「〜の下で」という意味がある。

❹「その少年は両親のあいだで（＝両親にはさまれて）うれしそうに歩いていた」：
between は「（2 つのもの）のあいだで」の意味。ここでは後ろに A and B の形ではなく「両親（his parents）」がきている。

❺「ここで通りを渡(わた)るのは危険です」：
walk across 〜 で「〜を横切って歩く」⇒（歩いて）渡る」という意味になる。

❻「この通りを進んで、2 つめの角を左に曲がりなさい」：along には「〜にそって、〜を通って」という意味がある。

4 ❶ 悪天候のために
❷ はじめからおわりまで
❸ 私の家の前で
❹ あなたの助言のおかげで

解説

ひとまとまりの句が前置詞のようなはたらきをすることがありますが、そうしたものについては、熟語としておぼえるようにしましょう。

❶ because of 〜 は "理由" を表すときに使う。「〜のせいで、〜のために」

❷ from A to B で「A から B まで」の意味。from beginning to end（はじめからおわりまで）も熟語表現になっている。

❸ in front of 〜 で「〜の前に、〜の前で」という意味を表す。

❹ thanks to 〜 で「〜のおかげで、〜のせいで」という意味を表す。because of 〜 としてもほとんど意味は変わらない。

Jump! 実戦力テスト …… p.98-99

1 ❶ウ ❷エ ❸ア ❹ウ ❺エ ❻イ

解説

❶「私たちは昨夜 9 時まで（ずっと）あなたのことを待ちました」：until を使って「〜まで（ずっと）」という意味を表す。

❷「彼らはその問題について電話で話した」：
on the phone で「電話で」という意味を表す。この on は "手段・方法" を表している。

❸「太陽は東の方で（＝東から）のぼる」：
in は「〜の方に、〜の方で」というように、"方角" を表すことがある。

❹「やっと彼女は人(ひと)込(ご)みの中に彼を見つけた」：among は、あとに複数名詞や集合を表す名詞がきて、「〜のあいだに、〜の中に」などの意味を表す。ここでは集合を表す名詞 crowd があとにきて「人込み〔群衆〕の中に」という意味を表す。

❺「箱根での滞在中に（＝箱根に滞在しているあいだに）私はその美術館を訪れた」：
during を使って「（特定の期間）のあいだに」という意味を表す。

⑥「私は駅へ行くとちゅうでジョンに会った」：on 〜 's way で「とちゅうで」の意味を表す。後ろに to … がつくと「…へ行くとちゅうで」となる。

2 ❶ in ❷ by ❸ from ❹ of

解説

❶「コンサートはあと30分で（=たてば）はじまります」「彼らは1列になって（=列を成して）立っていた」：in は「〜の形で、〜を成して」というように、"形状"を表すことがある。たとえば、in a circle だと「輪になって」という意味になる。

❷「彼はいつもは車で会社へ行く」「この嵐はあすの朝までにはおさまっているだろう」：by のこの2つの用法（"移動手段"と"期限"）は、どちらも重要。

❸「バルコニーから富士山が見える」「彼らは1日じゅう歩いたためにとてもつかれていた」：from は「〜が原因で、〜のために」というように、"原因"を表すことがある。

❹「私はきのう1人の古い友人に会った」「その病院の前にバスの停留所がある」：my friend には冠詞の a（ある1人の）をつけることはできない。つけたいときは a friend of mine のようにする。これは決まった言い方としておぼえておこう。in front of（〜の前に）は前置詞のはたらきをする熟語。

3 ❶ It is very pleasant to drive along the coast. ❷ Will you lend me the book for a few days? ❸ I will return the money within a month. ❹ A bird came down and flew right over my head. ❺ Our bus was late because of the snow. ❻ There are many differences between Japanese and English.

解説

❶「海岸ぞいをドライブする」を drive along the coast とする。along 〜 は「〜にそって」の意味。

❷「何日か」を for a few days（数日間）とする。for 〜 は"期間"を表す。

❸「1か月以内に」を within a month とする。within 〜 は「〜以内に」の意味。

❹「私の頭の上を」を over my head とする。over 〜 は「〜の上を」の意味。「ちょうど〜の上を」の「ちょうど」は、副詞の right を使って表す。right over my head とする。

❺「雪のために」を because of the snow とする。because of 〜 は"理由"を表す。

❻「日本語と英語のあいだには」を between Japanese and English とする。このように between A and B は、現実の空間からはなれて使うこともできる。

4 ❶ What did you have for lunch today? ❷ He has been sick since last Sunday. ❸ Do you eat sushi with chopsticks? ❹ She went out of the room without saying anything.

解説

❶「昼食に」は for lunch とする。この for は「〜向きに、〜用に」などの"用途"の意味を表す。

❷「〜から（ずっと）」は since を使って表す。現在完了の"継続"を表す文にする。

❸「はしで食べる」を eat with chopsticks とする。この with は"道具"を表す。

❹「〜から出ていく」は go out of 〜 で表す。out of 〜 は「〜から（外へ）」の意味。「〜言わずに」は、動名詞の saying 〜 を without の目的語にする。

13

接続詞と疑問詞

Hop! **基礎確認テスト** …… p.102-103

1 ❶ and ❷ both, and ❸ but ❹ so
❺ or ❻ when ❼ before ❽ While
❾ Because[As, Since]
❿ Though[Although]

解説

接続詞には大きく分けて２つの種類があります。1つは、文と文や、語句と語句を対等につなぐはたらきをする接続詞です。

❶２つの文（She had ～ と I had ～）を、単純に「そして」とつなぐときは、接続詞の and を使う。

❷単に「AとB」なら A and B でいいが、「AとBを両方とも」の「両方」を強調したいときは both A and B という。

❸「電話をしたが…」のように、２つの文を"逆接"の関係でつなぐときは、接続詞の but（しかし、だが）を使う。

❹「それで…、なので…」のように、結果や帰結を表す文を後ろにつなげるときは、接続詞の so（そこで、それで）を使う。

❺「～しなさい、さもないと…」と言うときは、〈命令文＋ or …〉という決まった形を使う。or は「～かまたは…」という意味の接続詞。

もう1つの接続詞は、副詞のはたらきをする節（＝副詞節）や名詞のはたらきをする節（＝名詞節）をつくる接続詞です。

❻この文は「私の妹は…生まれた」が骨格で、「私が３歳のときに」は、文全体の中では、"時を表す副詞"のはたらきをしているにすぎない。この副詞節をつくるのが、when（～のとき）という接続詞。

❼「～する前に」という意味の副詞節をつくるときは、接続詞の before を使う。

❽「～するあいだに」という意味の副詞節をつくるときは、接続詞の while を使う。

❾「～だから、～なので、なぜなら～」というように"理由"を表す副詞節をつくるときは、接続詞の because を使う。

❿「～だけれども」という意味の副詞節をつくるときは、接続詞の though を使う。

副詞句をつくる前置詞が〈前置詞＋名詞〉の形をとるのに対して、副詞節をつくる接続詞は〈接続詞＋文〉の形をとります。

2 ❶ If, rains ❷ As, as ❸ so, that
❹ that ❺ that, was ❻ where, he, lives
❼ what, she, wanted ❽ who, won[got]
❾ that ❿ if[whether]

解説

❶「もし～なら」というように"条件"を表す副詞節をつくるときは、接続詞の if を使う。
条件を表す副詞節の中では、未来のことを表すときも動詞を"現在形"で使う。ここも If it rains tomorrow というように、動詞を現在形にする。

❷「～したらすぐに」という意味の副詞節をつくるのは、as soon as という熟語。この熟語が接続詞のはたらきをする。
なお、時を表す副詞節の中でも、未来のことを表すのに動詞を現在形で使う。ここでも as soon as I get home というように、現在形の動詞が使われている。

❸「とても…なので～」という意味を、接続詞を使った熟語〈so … that ～〉で表す。

ここからは名詞節について見ていきます。接続詞の that を使った〈that ＋文〉の形の節は、名詞のはたらきをして「～ということ」という意

味を表します。

❹接続詞 that は、あとに文の形（ここでは she loves John）がきて、「〜ということ」という意味の名詞節になる。そして、その名詞節が、この文では動詞 know の目的語になっている。なお、この that は省略が可能。

❺この文でも、that が名詞節をつくり、それが動詞の found（〜と感じた、わかった）の目的語になっている。

なお、found が過去形なので、その目的語となる that 節の中の動詞も過去形にして、両者の時制を一致させる必要がある。

疑問詞も名詞節をつくることがあります。ただし、疑問文がそのまま名詞化するのではなく、「間接疑問」という形になって、名詞節となります。

❻「彼はどこに住んでいるか」という意味の間接疑問（＝名詞節）をつくるときは、where のあとに、疑問文の形（does he live）ではなく、ふつうの文の形（he lives）をつづける。

❼「彼女は何をほしいのか」という意味の名詞節をつくるときは、what のあとにふつうの文の形（she wants）をつづける。

なお、asked が過去形なので、その目的語となる名詞節の中の動詞も過去形にして、両者の時制を一致させる必要がある。

❽「だれが金メダルをとったか」という意味の名詞節をつくるときは、who が主語なので、そのまま who won 〜 とする。

最後に、接続詞を使った節の用法をあと2つ見ておきましょう。that と if を使った節です。

❾形容詞の中には、〈be動詞＋形容詞＋ that〜〉という形をつくるものがある。sure もその1つ。be sure that 〜 で「〜ということを確信している」という意味になる。なお、この that も省略が可能。

❿接続詞の if も名詞節をつくることがある。

〈if ＋文〉の形で「〜かどうか」という意味の名詞節をつくり、動詞の目的語などになる。

Step! 実力養成テスト……… p.104-105

1 ❶ but ❷ and ❸ Either ❹ for ❺ so

解説

ここで取りあげる接続詞は、どれも文と文を対等につなぐ接続詞です。名詞節や副詞節のように、文の一要素として取り込まれるわけではありません。

❶「行ったのですが、休みでした」は、"逆接"の関係なので、but でつなぐ。

❷「〜しなさい、そうすれば…」は、接続詞の and を使い、〈命令文＋ and …〉の形で表す。and と or の使い分けに注意。

❸「A か B かどちらか」は、〈either A or B〉の形で表す。A B にはさまざまな要素が入るが、ここでは文がまるごと入っている。

❹「〜、というのも…からだ」は、"理由"を表す接続詞の for でつなぐ。

この for は、前でのべたことにつけたすようにして理由をのべるときに使う。

❺「バスがなかったので、（それで）…」というように "結果" をのべている。このようなときは接続詞の so を使う。

2 ❶ 看護師ではなくて ❷ さもないと、（あなたには）二度と〔次の〕チャンスはありませんよ ❸ 宿題をすませたあと（に）❹ 私たちが子どもだったころから（＝子どものころから）❺ 家を出たとたんに

解説

❶ but を使った決まった言い方。〈not A but B〉で「A ではなくて B」という意味。

❷〈命令文＋ or …〉で「〜しなさい、さもない

と…」という意味になる。

❸ after には前置詞だけでなく接続詞としての用法もある。あとに文の形がきて、「〜したあと（に）」の意味になる。

❹ since にも前置詞だけでなく接続詞としての用法がある。あとに文の形がきて、「〜以来、〜から（いままで）」の意味になる。

❺ as soon as 〜 は「〜するとすぐに」という意味の決まった表現。あとに文の形がきて、接続詞のようにして使う。

3 ❶ if ❷ until ❸ because ❹ Though ❺ that ❻ while

解説

ここで取りあげる接続詞は、文の一要素となる節（副詞節や名詞節）をつくる接続詞です。文の中でどのような役割をしているかに注目しながら見ていきましょう。

❶「もしもあした雪がふったら、あなたはどのようにして学校へ行きますか」：if を使って条件を表す副詞節をつくる。

❷「私がもどってくるまで、子どもたちの世話をしてください」：until を使って時を表す副詞節（〜まで）をつくる。節の中の動詞（return）が現在形になっていることにも注目。

❸「あまりにも暑かったので、よく眠れなかった」：because を使って理由を表す副詞節をつくる。

❹「彼はとても若いけれど、多くの国へ行ったことがある」：though を使って、「〜だけれども」という意味の副詞節をつくる。

❺「彼女は私に気分が悪いと言った」：that を使って、動詞 told の直接目的語となる名詞節（〜ということ）をつくる。

なお、この文は tell A B（A に B を言う）の形の文。B が that 節になっている。

❻「私は昨夜、テレビを見ているあいだに眠ってしまった」：while を使って時を表す副詞

節（〜するあいだに）をつくる。

4 ❶ I don't understand what you are saying. ❷ She is afraid (that) something bad will happen to him. ❸ If the storm comes tomorrow, the game will be canceled. ❹ She was so surprised that she couldn't even say a word.

解説

❶「私はあなたが何を言っているのか理解できない」：間接疑問では、疑問詞のあとに〈主語＋動詞〉の形がつづく。

❷「彼女は彼の身に何か悪いことが起こるのではないかと心配している」：be afraid that 〜 で「〜を心配する」の意味になる。of は不要。that は省略できる。

❸「あす嵐が来たら、その試合は中止される」：条件を表す副詞節では、未来のことも現在形で表す。will come は comes にする。

❹「彼女はとてもおどろいたので、ひと言もことばがでなかった」：ここでは so … that 〜（とても…なので〜）の形を使う。

Jump! 実戦力テスト …………… p.106-107

1 ❶ウ ❷ア ❸エ ❹エ ❺ウ

解説

❶「私は小さな少女だったときは名古屋に住んでいました」：when を使って時を表す副詞節（〜するとき）をつくる。

❷「暗くなる前に家に帰ったほうがいい」：before を使って時を表す副詞節（〜する前に）をつくる。

❸「あなたはなぜ怒っているのですか。 ―（なぜなら）だれかが私のケーキを食べてしまったからです」：Why ではじまる疑問文に対し

ては、Because ～ で答える。

❹ 「妹も私もピアノをひけません」：neither A nor B で「A も B も…ない」という意味を表す。ややむずかしい表現。

❺ 「あした雨がふったら、私たちはピクニックへは行きません」：条件を表す副詞節の中では、未来のことも現在形で表す。

2 ❶ so, that ❷ While ❸ or ❹ so ❺ Though[Although]

[解説]

❶ 「その問題はむずかしすぎて私には答えられない」：too … to ～ (…すぎて～できない) は so … that ～ (とても…なので～) を使って書きかえられる。

❷ 「ローマに滞在しているあいだに私はたくさんの史跡を訪れた」：during my stay ～ という副詞句を、while I was staying ～ という副詞節に書きかえる。

❸ 「もしもいますぐ出かけないなら、学校におくれるでしょう」：If 節の内容 (もしも～しないと) を、〈命令文＋ or〉 (～しなさい、さもないと) で表す。

❹ 「私は1日じゅう家にいました。というのも、ひどいかぜをひいていたからです」："理由"を表す for ～ (なぜなら～からだ) を、"結果"を表す so (～なので、それで) を使って書きかえる。

❺ 「これは小さな一歩ですが、とても重要な一歩です」：but は前の内容を受けて「～だが、しかし」という意味を表す。これを though ～ (～だけれども) を使って書きかえる。

3 ❶ I asked him where he was going. ❷ I'm sure that he will become a great scientist. ❸ I'm afraid I can't attend the meeting next week.

❹ He can play not only the guitar but also the violin. ❺ He always tells me nothing is impossible. ❻ I don't know if she will come to the party.

[解説]

❶ 「(彼が) どこへ行くのか」を、間接疑問の where he was going で表す。

❷ 「～と確信しています」を、be sure that ～の形を使って表す。

❸ 「あいにく～と思います」を、I'm afraid (that) ～ で表す。I'm afraidのときは、ふつう thatは省略する。

❹ 「ギターだけでなくバイオリンも」を、not only A but also B (A だけでなく B も) の形を使って表す。

❺ 「彼はいつも私に～と言います」は、He always tells me that ～。ただし、that はないので、that を省略した形で使う。

❻ 「～かどうか」を、if ではじまる名詞節で表す。この if ～ は名詞節なので、未来を表すときはふつうに will ～ となる。

4 ❶ Please wait here until I call you. ❷ Do you know why she was crying? ❸ Please call me as soon as you arrive at the airport. ❹ I think (that) both children and adults will like this book.

[解説]

❶ 「私が (あなたを) 呼ぶまで」を、副詞節の until[till] I call you で表す。

❷ 「彼女がなぜ泣いていたのか」を、間接疑問の why she was crying で表す。

❸ 「～に着いたらすぐに」を、副詞節の as soon as you arrive at ～ で表す。

❹ 「私は～と思う」は、I think (that) ～で表す。「大人も子どもも両方とも」は、both A and B の形を使って表す。

14

節で表す（2）

関係代名詞

Hop! **基礎確認テスト** ……… p.110-111

1 ❶ who, can, speak ❷ who, loves, Mary ❸ whom[who], Mary, loves ❹ I, met ❺ I, like ❻ which, won[got] ❼ which, are ❽ which, I, bought ❾ I, saw[watched] ❿ you, gave, me
＊ who, whom, which は that に代えられる。

解説

前章で、副詞節と名詞節を習いましたが、ここでは形容詞節（＝形容詞のはたらきをする節）について見ていきます。その形容詞節をつくるのが「関係代名詞」です。

❶ "人" を表す語の後ろに〈who ＋動詞…〉の形の節をおくと、その節が形容詞のはたらきをして、「～する人」という意味になる。ここでは、anyone の後ろに who can speak ～をおくと、「～を話せる人」という意味になる。

❷ boy の後ろに who loves ～ をおくと、「～を愛している男の子」という意味になる。

❸ "人" を表す語の後ろに〈whom＋主語＋動詞…〉の形の節をおくと、「S が～する人」という意味になる（S ＝主語）。ここでは、boy の後ろに whom Mary loves をおくと、「メアリーが愛している男の子」という意味になる。

❹ man の後ろに whom I met をおくと、「私が会った男の人」という意味になる。この形の修飾では whom は省略されることが多く、ここでも省略する。

❺ teacher の後ろに (whom) I like ～ をおくと（whom は省略）、「私が～好きな先生」という意味になる。

ここまでは "人" に対する修飾でした。ここから

は "もの・動物" に対する修飾です。
もの・動物の場合は、who, whom ではなく which を使います。

❻ book の後ろに which won ～ をおくと、「～を獲得した本」という意味になる。

❼ dogs の後ろに which are always barking をおくと、「いつもほえてばかりいる犬」という意味になる。なお、which のあとの動詞は、修飾される語（ここでは dogs）に合わせる。

❽ book の後ろに which I bought をおくと、「私が買った本」という意味になる。

❾ movie のあとに which I saw をおくと、「私が見た映画」という意味になる。この形の修飾では、which は省略されることが多く、ここでも省略する。

❿ cat の後ろに (which) you gave me をおくと（which は省略）、「あなたが私にくれたネコ」という意味になる。

2 ❶ that[which] ❷ that[which] ❸ that[who] ❹ who[that] ❺ whose, uncle ❻ whose ❼ which[that], in ❽ in, which ❾ which[that] ❿ what

解説

ここまで、who, whom, which の3つについて見てきましたが、そのどれの代わりにもなるのが、関係代名詞の that です。

❶ song の後ろに which made him ～ をおくと、「彼を～にした歌」という意味になる。which の代わりに that も使える。

❷ subject の後ろに which[that] interests him をおくと、「彼の興味をひく科目」という意味になる。
なお、subject には前に the only という修飾語がついている。このようなときは、しばしば that が使われる。the only のほか、the first や最上級の形容詞、all, every な

どがつくときも that がよく使われる。

❸ people の後ろに who came をおくと、「来た人たち」という意味になる。people には All という修飾語がついており、もちろん that を使ってもよいが、人を修飾する場合は who のほうがふつう。

ここからは、その他の関係代名詞や、注意したい用法について見ておきます。

❹ friend の後ろに who lives in ～ をおくと「～に住んでいる友人」という意味になる。次の whose の節と比べてみよう。

❺ friend の後ろに whose uncle lives in ～ をおくと、「（その）おじさんが～に住んでいる友人」という意味になる。この whose（～の）ではじまる節が friend を修飾している。

❻ movie の後ろに whose ending you can't guess をおくと、「（その）結末が見当もつかない映画」という意味になる。whose は「人」だけでなく「もの」に対しても使える。

❼ town の後ろに which we live in をおくと、「私たちが住んでいる町」という意味になる。which が前置詞 in の目的語の役割をはたしていることに注意。

❽ town の後ろに in which we live をおくと、❼と同じ意味になる。in の位置は which の前にきている。

このように、前置詞が関係代名詞の前に出ることがある。（ただし、関係代名詞thatはこの形にはならない。）

❾ bike の後ろに which I have wanted をおくと、「私が（ずっと）ほしかった自転車」という意味になる。

❿ thing の後ろに which I have wanted をおくと、「私が（ずっと）ほしかったもの」という意味になる。それと同じ意味を what I have wanted で表すことができる。

この what は特別な関係代名詞で、それだけで「～するもの」という意味を表す。

Step! **実力養成テスト** ……… p.112-113

1 ❶ その本を書いた
❷ 彼女が結婚しようとしている
❸ およそ100年前に建てられた
❹ 彼がくれた指輪を
❺ （いままでに）訪れたことのあるただ1つの外国は

解説

関係代名詞の節は「形容詞節」なので、修飾される語との関係さえつかめれば、日本語にするのはむずかしくありません。

❶修飾される語は man で、修飾する節は who wrote the book（その本を書いた）。

❷修飾される語は man で、修飾する節は she is going to marry（彼女が結婚しようとしている）。

❸修飾される語は house で、修飾する節は which was built …（…建てられた）。

❹修飾される語は ring で、修飾する節は he gave her（彼が彼女にあげた）。her は間接目的語。

❺修飾される語は country で、修飾する節は that I have visited（私がいままでに訪れたことのある）。なお、country には前にも The only foreign という修飾語句がついている。

2 ❶ which ❷ who ❸ whose
❹ in which ❺ what

解説

❶修飾される語が "人" ではないので which を使って形容詞節をつくる。

❷ whom を使う形容詞節は〈whom ＋主語＋動詞…〉の形になる。ここはすぐあとが動詞の wants なので、〈who ＋動詞…〉の形の形容詞節になる。

❸同級生（classmate）ではなく、「その人のお

54

兄さん（whose brother）がミュージシャンだ」という内容の形容詞節にする。

❹ that は〈前置詞＋関係代名詞〉の形をつくれないので、in which とする。この in は which we live in（私たちが住む）の in が前に出たもの。

❺「～するもの」という意味の "名詞節" をつくる関係代名詞は what。関係代名詞はふつう形容詞節をつくるが、これは例外。

3 ❶ who[that], teaches ❷ who[that], is, playing ❸ which[that], was, written ❹ who[that], lives ❺ we, saw

解説

さまざまな書きかえをしてみることによって、"節" を使った修飾（＝関係代名詞を使った修飾）についての理解を深めましょう。

❶「私たちの理科の先生はユーモアのセンスがあります」：「私たちの理科の先生」を、「私たちに理科を教える先生」というように、節を使った表現に変える。

❷「ピアノをひいている少女は私の妹です」：現在分詞の句（playing ～）による修飾を、関係代名詞の節（who is playing ～）による修飾に変える。

❸「トムによって書かれた本はベストセラーになった」：過去分詞の句（written ～）による修飾を、関係代名詞の節（which was written ～）による修飾に変える。

❹「私にはオーストラリアに住んでいるおじがいます」：これも現在分詞の句を関係代名詞の節に変える。そのさい、live は状態を表す動詞なので、進行形にはしない。❷の書きかえとのちがいに注意。

❺「その少女をおぼえていますか。私たちは彼女をこの前の日曜日に見た」：2つめの文（We saw her ～）を、関係代名詞を使って節（whom we saw ～）に変える。ただし、

whom は省略する。

4 ❶ The books I borrowed from Mary <u>were</u> very interesting. ❷ She looked at the boy <u>who</u> was playing tennis with Tom. ❸ The letter I <u>received yesterday</u> was from my aunt. ❹ These are books that <u>are</u> popular at our library. ❺ We must protect people and things <u>that</u> are important to us.

解説

❶「私がメアリーから借りた本はとてもおもしろかった」：主語の The books が複数なので、be動詞は were になる。

❷「彼女はトムとテニスをしている少年を見た」：〈who＋動詞…〉の形の節では、whoは省略できない。

❸「きのう私が受けとった手紙はおばからのものだった」：〈(which)＋主語＋動詞…〉の形の節では、which（ここでは省略されている）が動詞の目的語の役割をするので、itは不要。

❹「これらは私たちの図書館で人気のある本です」：関係代名詞の that は books を受けているので、複数あつかいになる。

❺「私たちは自分たちにとってたいせつな人やものを守らなくてはならない」：people and things のような「人＋人以外のもの」を修飾するときは、関係代名詞は that を使う。

Jump! 実戦力テスト ………… p.114-115

1 ❶ウ ❷イ ❸エ ❹エ ❺ウ

解説

❶「私はチェスのやり方を教えてくれる本をもっている」：もの（book）を修飾するときは、関係代名詞は which を使う。

❷「彼はアメリカでとても人気のあるジャズシ

ンガーです」：人(singer)を修飾するときは、
関係代名詞は who を使う。
❸「あなたがはいているくつは値段が高そう
だ」：shoes を (which) you are wearing
で修飾する (ただし、which は省略)。
❹「彼女が話をしていた男の人は有名な俳優で
した」：man を (whom) she was talking
to で修飾する。whom (ここでは省略されて
いる)は前置詞 to の目的語の役割をしている。
❺「私たちが泊まったホテルはとても快適でし
た」：hotel を which we stayed at で修飾
するところだが、stayed のあとに at がない
ので、その at を which の前におく。

2 ❶ you, like ❷ John, took
❸ who, had[has] ❹ whose, hair
❺ I, have (または、that, I've)

解説
❶「あなたのいちばん好きなテレビ番組は何で
すか」：「いちばん好きな」を関係代名詞の節
(you like the best) で表す。
❷「これは先週ジョンによって撮られた写真で
す」：「ジョンによって撮られた」を、「ジョン
が撮った」と言いかえる。
❸「彼女は青い目をもつ男の子を見た」：with
～ (～をもつ) を関係代名詞の節(who had
[has] ～)で言いかえる。
❹「スミス氏は白髪の紳士です」：with white
hair (白い髪をもつ) を whose hair is white
(その髪が白い) で言いかえる。
❺「私はこんなに美しい日の入りを見たことが
ない」⇒「これは私がいままでに見た最も美
しい日の入りです」：～ sunset を (that) I
have ever seen で修飾する。

3 ❶ The people who live on this
island are very friendly.

❷ Is there anything I can do for you?
❸ Paris is one of the cities that I want
to visit. ❹ This is the only train that
goes to the airport. ❺ This is the
book I have been looking for. ❻ In
fact, what he said was not true.

解説
❶「～に住む人びと」は people who live on ～
とする。
❷「～のために(何か)私にできること」は
anything I can do for ～ とする。
❸「私が訪れたいと思っている都市」は cities
that I want to visit とする。
❹「～へ行く(ただ1つの)列車」は (the only)
train that goes to ～ とする。
❺「私が(ずっと)探していた本」は the book I
have been looking for とする。look for
は「探す」の意味。現在完了進行形を使う。
❻「彼が言ったこと」は、関係代名詞の what
を使い、what he said とする。

4 ❶ Do you know anyone who can
play the guitar? ❷ Is this the bag
(which[that]) you bought in France?
❸ I like movies which[that] make me
happy. ❹ This is the best movie (that)
he has ever made.

解説
❶「だれか～をひける人」は anyone who can
play ～ とする。
❷「～で買ったバッグ」は the bag (which)
you bought in ～ とする。この which はし
ばしば省略される。
❸「自分を楽しくしてくれる映画」はmovies
which make me happyとする。
❹「彼がいままでにつくった」は (that) he has
ever made とする。

15
仮定法と発展学習

Hop! 基礎確認テスト ……… p.118-119

1 ❶ had, would ❷ practiced, could
❸ were, would ❹ could, would
❺ wouldn't ❻ If, had ❼ If, were
❽ wish, had ❾ wish, could
❿ wish, were

解説

「もしあした雨なら」というのは現実的な想定ですが、「もしも私があなただったら」というのは非現実的な想定です。この後者のような表現を「仮定法」といいます。

❶接続詞の if を使っただけでは仮定法の表現にはならないが、if 節の中の動詞を「過去形」にすると、現在の事実に反する仮定を表すことができる。ここでは have（もっている）を過去形にする。
また、if 節（もしも…なら）を受けた帰結部分は、「～するだろうに」「～できるだろうに」といった意味になる。それも、助動詞 will や can の「過去形」である would や could を使って表す。

❷ If 節の中で使う動詞 practice（練習する）を過去形にし、帰結部分の「～を取れるのに」を could get ～ とする。

❸仮定法の if 節の中で be 動詞を使うときは were にする。帰結部分は「～するだろうに」なので would を使う。

❹仮定法の if 節の中で助動詞 can の過去形 could を使い、「もしも～できたら」という意味を表すことができる。

ここまでが、仮定法の文の基本形です。ここから先は、応用表現について見ていきますが、基

本は、過去形で"現在の事実に反する仮定"を表すということです。

❺主語の An ordinary person に仮定の意味（もしもふつうの人なら）がふくまれていると考えて、主語のあとの動詞の部分は would を使って表す。

❻仮定法の if 節が独立した形の If only ～! で、「～でさえあれば（いいのになあ）」という"非現実的な願望"を表すことができる。動詞はもちろん過去形にする。

❼これも If only ～! の文。動詞が be 動詞なので、主語が he でも were にする。

❽ If only ～! と同じような"非現実的な願望"を、〈I wish ＋主語＋動詞…〉の文でも表すことができる。wish は現在形だが、そのあとにくる動詞は過去形になる。

❾これも I wish ～. の文。動詞の前に助動詞がくるときは、助動詞を過去形（ここでは could）にする。

❿これも I wish ～. の文。あとに〈there is [are] ～〉の文がきているが、この場合も be 動詞は過去形の were にする。

2 ❶ aren't ❷ don't ❸ are, Yes
❹ he, was ❺ if, I, was
❻ what, he, wanted ❼ standing
❽ called ❾ show ❿ stolen

解説

付加疑問とは、相手に念をおしたり同意を求めたりするときに、文の末尾に付け加える疑問形式です。肯定文には否定形の、否定文には肯定形の付加疑問がつきます。

❶ You are ～ という be 動詞の肯定文には、否定形の aren't you? がつく。
be 動詞の否定形の付加疑問は〈be 動詞の否定の短縮形＋代名詞＋?〉の形になる。

❷ You play ～ という一般動詞の肯定文には、否定形の don't you? がつく。

一般動詞の否定形の付加疑問は〈don't ＋代名詞＋?〉の形になる。don't は主語の人称や数、時制によって変化する。

❸ You aren't 〜 という be動詞の否定文には、肯定形の are you? がつく。

否定文に付加疑問がつく場合は、応答に注意する必要がある。「はい」が否定の内容を表すために No になり、「いいえ」が肯定の内容を表すために Yes になる。

人が言ったことをそのまま伝えるのではなく、that 節や間接疑問を使って表すことを「間接話法」といいます。ここでは間接話法を使うときの注意点を確認しましょう。

❹ 話しているのは "彼" なので、「私はいそがしい」の「私」は彼 (he) になる。

また、伝達動詞 (ここでは said) が過去形なので、節の中の動詞も過去形 (ここでは was) になる。これは❺❻も同じ。

❺ 彼は "私" に話しかけているので、「あなたはいそがしいですか」の「あなた」は私 (I) になる。

疑問文を間接話法にするときは、接続詞の if (〜かどうか) を使う。

❻ 私は "彼" に話しかけているので「あなたは何をしたいのですか」の「あなた」は彼 (he) になる。

疑問詞を使った疑問文は、間接話法では間接疑問になる。

発展学習の最後に、「知覚動詞」と「使役動詞」について見ておきます。これらの動詞では、目的語のあとに、分詞や動詞の原形がくるのがポイントです。

❼ 〈see ＋ A ＋ 〜ing〉で「A (目的語) が〜しているのを見る」という意味になる。知覚を表す動詞がこの形の文をつくる。saw her standing とする。

❽ 〈hear ＋ A ＋過去分詞〉で「A が〜される

のを聞く」という意味になる。知覚を表す動詞 (ほかに feel など) がこの形の文をつくる。heard my name called とする。

❾ 〈have ＋ A ＋動詞の原形〉で「A に〜させる、してもらう」などの "使役" の意味を表す。

❿ 〈have ＋ A ＋過去分詞〉で「A を〜される、してもらう」などの意味を表す。この形の文では、目的語 (A) と過去分詞が "受け身" の関係になる。

Step! **実力養成テスト**……… p.120-121

1 ❶ were ❷ rains ❸ had ❹ would ❺ can ❻ could

［解説］

仮定法の文かどうかで、動詞や助動詞の使い方が変わります。If ではじまる文は、仮定法のときもあれば、そうでないときもあるので、特に注意が必要です。

❶ 帰結部分が would go to 〜 となっていることから、仮定法の文だとわかる。したがって、If 節の動詞は過去形にする。

❷ 「あした雨がふったら」は、仮定法の文ではないので、ふつうの条件を表す節にする。現在形の動詞が入る。

❸ If only 〜! の形は仮定法の表現なので、動詞は過去形にする。

❹ would like to 〜 で「〜したい」という意味。want to 〜 をていねいにした言い方。仮定法から生まれた表現。

❺ I hope 〜 は仮定法の表現ではない。したがって、あとにくる動詞や助動詞は、仮定法で過去形になることはない。

❻ I wish 〜 は仮定法の表現なので、あとにくる動詞や助動詞は過去形になる。

2 ❶ didn't ❷ did ❸ were ❹ wasn't

【解説】

付加疑問は、ルールさえおぼえてしまえば、つくるのはそれほどむずかしくありません。

❶「あなたのお姉さんはその式典でスピーチをしたんですよね」：肯定文には否定形の付加疑問をつける。一般動詞の過去の文なので、didn't を使って否定形の付加疑問をつくる。

❷「あなたはきのうの夜、そのパーティーに行かなかったんですよね」：否定文には肯定形の付加疑問をつける。ここでは did を使う。

❸「あなたはそのニュースにおどろかなかったんですよね」：否定文には肯定形の付加疑問をつける。主語に合わせて were を使う。

❹「スミス先生はとてもいい先生でしたよね」：肯定文には否定形の付加疑問をつける。主語に合わせて wasn't を使う。

3 ❶ cry ❷ singing ❸ washed ❹ know ❺ pulled ❻ play

【解説】

知覚動詞や使役動詞は、〈動詞＋目的語〉のあとにどんな形の動詞がくるかで意味がちがってくるので、そこに注目しましょう。

❶〈make＋A＋動詞の原形〉で「A（目的語）に～させる」という意味になる。

❷〈hear＋A＋～ing〉で「Aが～しているのを聞く」という意味になる。
〈hear＋A＋動詞の原形〉の形もあるが、これだと「はじめからおわりまで聞く」という意味になり、ここでは不適切。

❸〈have＋A＋過去分詞〉で「Aを～される、してもらう」という意味になる。ここでは「洗ってもらった」という意味。目的語と過去分詞の関係は〈車＝洗われる〉という受け身の関係になる。

❹〈let＋A＋動詞の原形〉で「Aに～させてあげる」という意味になる。この文（Please let me know ～）は、相手に向かって「（私に）～を知らせてください（＝教えてください）」と頼んでいる文。

❺〈feel＋A＋過去分詞〉で「Aが～されるのを感じる」という意味になる。
目的語と過去分詞の関係は〈うで＝引っぱられる〉という受け身の関係になる。

❻〈have＋A＋動詞の原形〉で「Aに～させる、してもらう」という意味になる。

4 ❶ I, was ❷ he, agreed, me ❸ if, she, wanted ❹ where, I, was

【解説】

直接話法（＝話者のことばをそのまま伝えるやり方）を間接話法に変えるときに、特に注意したいのは、人物の人称の変化と、動詞の時制の変化です。

❶「私は彼女に『私はおなかがすいています』と言った」：これは過去の会話なので、話の中の現在形の動詞（am）は、間接話法では過去形（was）にする。以下の❷～❹の問題も同じように考える。

❷「彼は私に『私はあなたに賛成です』と言った」：〈話し手：彼、聞き手：私〉⇒〈話の中の「私」＝彼、話の中の「あなた」＝私〉

❸「彼は彼女に『あなたはその映画を見たいですか』と言った」：〈話し手：彼、聞き手：彼女〉⇒〈話の中の「あなた」＝彼女〉。
話の中身は疑問文なので、if 節で表す。

❹「彼女は私に『あなたはどこへ行くのですか』と言った」：〈話し手：彼女、聞き手：私〉⇒〈話の中の「あなた」＝私〉
話の中身は疑問詞を使った疑問文なので、間接疑問を使って表す。

Jump! 実戦力テスト ……… p.122-123

1 ❶ ウ ❷ ア ❸ エ ❹ ア ❺ エ ❻ エ

❶ 「彼がいま生きていたらいいのになあ」：仮定法の文。過去形の were を使う。

❷ 「私は彼が駅のほうへ歩いているのを見た」：〈see ＋ A ＋〜 ing〉で「A が〜しているのを見る」という意味になる。

❸ 「もしも私が船をもっていたら、それで世界一周するのだが」：仮定法の帰結部分なので、過去形の助動詞（would）を選ぶ。

❹ 「私は兄にいっしょに来てもらった」：〈have ＋ A ＋動詞の原形〉の形にして「A に〜してもらう」の意味を表す。

❺ 「彼女は私に何か飲みものがほしいかとたずねた」：ふつうの疑問文を間接疑問にするときは接続詞の if（〜かどうか）を使う。

❻ 「あなたはギターをひけますよね」：助動詞 can を使った文の付加疑問。肯定文なので、否定形（can't）の付加疑問をつける。

---

2 ❶ If only I <u>could</u> go back to my childhood! ❷ She told me she <u>was</u> too tired to walk any more. ❸ You will help me with my homework, <u>won't</u> you? ❹ You have no plans for tomorrow, <u>do</u> you?

❶ 「子どものころにもどれたらいいのになあ」：仮定法の表現なので、助動詞の can を過去形に変える。

❷ 「彼女は私に、とてもつかれていてこれ以上歩けないと言った」：伝達動詞の told（＝過去形）に合わせて she was … と過去形にする。

❸ 「私の宿題を手伝ってくれるよね」：肯定文に対しては否定形（ここでは won't を使う）の付加疑問をつける。

❹ 「あしたの予定は何もないんだよね」：付加疑問にかんする応用問題。don't はないが、否定文なので、肯定形の付加疑問にする。

---

3 ❶ What would you like to drink? ❷ She heard someone cry for help. ❸ He asked me why I was so angry. ❹ If I could play the piano, I'd make a song for you. ❺ Without water, we would not be able to live. ❻ I had my foot stepped on in a crowded train.

❶ 「〜したい」は would like to 〜 で表すことができる。これを疑問文で使う。

❷ 「人が〜するのを聞く」は〈hear ＋人＋動詞の原形〉で表す。

❸ 「なぜ…怒っているのか」の部分を、間接疑問の〈why ＋主語＋動詞…〉の形で表す。

❹ 「もしも〜することができたら」を、仮定法の if 節で表す。If I could 〜 となる。

❺ Without 〜（〜がなかったら）に仮定の意味がふくまれているので、「〜できない」を仮定法として表現する。would not 〜 となる。

❻ 「足をふまれた」を、〈have ＋ A ＋過去分詞〉（A を〜される）の形を使って表す。「〜をふむ」は step on 〜。

---

4 ❶ I wish I could sing like her. ❷ I had my hair cut yesterday. ❸ You went to the festival, didn't you? ❹ What would you do if you were rich?

❶ 「〜できたらいいのになあ」を、仮定法で表す。I wish I could 〜 とする。

❷ 「髪を切ってもらいました」を、〈have ＋ A ＋過去分詞〉（A を〜してもらう）の形で表す。

❸ 「あなたは〜に行きましたよね」は、You went to 〜 に否定形の付加疑問をつける。

❹ 仮定法で表す。if 節の中の動詞は過去形にする。if 節は文の前でも後ろでもよい。

総合テスト

●第1回 ……………… p.126-127

1 ❶エ ❷ア ❸ア ❹ウ ❺ウ

解説

❶「私はそのパーティーで彼女と話をして本当に楽しかった」：enjoy は動名詞を目的語にする。enjoy 〜ing で「〜して楽しむ」という意味。

❷「ワールドカップは4年ごとに（1回）開催される」：「開催される」なので、受け身（be動詞＋過去分詞）で表す。hold（〜を開催する）を受け身にする。

❸「彼女がもどって来るまで部屋にいてください」：時を表す副詞節をつくる。接続詞の until（〜まで）を使う。

❹「まだはげしく雨がふっています。もう少しここにいてもいいですか」：形式主語の it を使って、Is it … to 〜（〜することは…ですか）という形の疑問文にする。it は to stay here 〜 をさしている。

❺「母は犬が好きではないので、（私たちに犬を）飼わせてくれないでしょう」：〈let ＋人＋動詞の原形〉で「人に〜させてあげる、〜させる」という意味になる。なお、have one の one は a dog（不特定の犬）を表している。

2 ❶ How, old ❷ has, gone ❸ Be, or ❹ ago ❺ how, to, play

解説

❶「法隆寺はいつ建てられましたか」⇒「法隆寺は建って何年（＝何歳）ですか」：How old を使って言いかえる。How old は人間以外にも、さまざまなもの（樹木・建物・学校

など）に使うことができる。

❷「彼はオーストラリアへ行って、いま（彼は）ここにはいません」⇒「彼はオーストラリアへ行ってしまいました（いまはいない）」：現在完了（have ＋過去分詞）の完了・結果を表す用法を使う。

❸「注意しないと（手や指を）切ってしまいますよ」⇒「注意しなさい。さもないと（手や指を）切ってしまいますよ」：〈命令文＋ or …〉（〜しなさい、さもないと…）の形を使う。

❹「私はこの町に15年間住んでいる」⇒「15年前に私はこの町に住みはじめた」：もとの文が現在完了の継続を表す文だということをふまえて、内容的に言いかえる。

❺「ケンはフルートを吹くことができません」⇒「ケンはフルートの吹き方を知りません」：how to 〜（〜する方法、〜のやり方）を使って言いかえる。

3 ❶ Do you have anything interesting to read? ❷ We are happy to have you with us this evening. ❸ This is the book which my uncle gave me as a present. ❹ Alice was able to speak Spanish best of all. ❺ Will you tell me which book I should read? ❻ She became one of the most famous artists in Japan.

解説

❶「（何か）読み物」を anything to read（何か読むためのもの）で表す。to read は不定詞の形容詞的用法。
また、anything の場合、形容詞（ここでは interesting）も後ろにおく。

❷「あなたが一緒にいてくれて」を to have you with us で表す。この不定詞は "感情の原因" を表す副詞的用法。

❸「私のおじさんが私にくれた本」を、関係代名

詞の which を使い、the book which my uncle gave me とする。

❹「全員の中で一番上手に」を、well（じょうずに）の最上級 best を使い、best of all とする。副詞の最上級ではしばしば the が省略される。また、「話せた（＝話すことができた）」は was able to speak で表す。

❺「どの本を読んだらいいか」は、間接疑問を使い、which book I should read とする。語順に注意。should I とはしない。

❻「最も有名な芸術家の1人」は、famous の最上級を使い、one of the most famous artists とする。

---

4 ❶ I forgot to call her yesterday. ❷ I have known her for two years. ❸ I'm glad (to find) that you like the picture. ❹ If it is nice[sunny, fine] tomorrow, let's take a walk in the park.

❶「〜するのを忘れる」は forget to 〜 で表す。forget 〜ing にすると「〜したことを忘れる」の意味になってしまう。

❷「2年前からの知り合い」⇒「2年間知っている」とおきかえ、現在完了の継続を表す用法を使って表す。

❸「〜してくれて（＝〜してくれることが）うれしい」を be glad that 〜 で表す。
また、"感情の原因"を表す不定詞を使い、be glad to find that 〜（〜ということがわかってうれしい）と表すこともできる。
なお、どちらの場合も、接続詞の that は省略が可能。

❹「明日もし晴れたら」は未来のことを表しているが、If ではじまる副詞節では、未来のことでも動詞は現在形を使う。「〜しましょう」は let's 〜。「散歩する」は take a walk。

---

1 ❶ウ ❷エ ❸ウ ❹エ ❺イ

❶「雨がふる前に家に帰ったほうがいい」：before 〜 は"時を表す副詞節"なので、未来のことも現在形で表す。

❷「先生は私たちに以前よりもっと一生けんめい英語を勉強するように言った」：〈tell +人＋ to 〜〉で「人に〜するように言う」の意味になる。

❸「私はアメリカにいるあいだに運転のしかたをおぼえた」：後ろに文の形（I was 〜）がくるので、前置詞の during ではなく接続詞の while を使う。

❹「仙台（せんだい）から東京まではどのくらいの距離ですか」：距離をたずねるときは How far ではじめる。主語の it は距離を表している。

❺「ケンはソーダを1本全部飲みましたよね」：一般動詞の過去の肯定文に対しては、didn't を使った否定形の付加疑問をつける。

---

2 ❶ where, lives ❷ are, sold ❸ who[that], has ❹ made, her ❺ too, proud

❶「ホワイトさんの住所を知っていますか」⇒「ホワイトさんがどこに住んでいるか知っていますか」：間接疑問（where Mr. White lives）を使って言いかえる。

❷「その市場では野菜を売っている」⇒「その市場では野菜が売られている」：主語が Vegetables に変わっているので、受け身の文にする。もとの文の主語 They は一般的な人（ここでは市場の人）を表している。

❸「青い目をもつその少年はオーストラリア出身です」：with 〜（〜をもっている）の意味を、

関係代名詞の who を使い、who has ～ のようにして表す。
❹「彼の行儀が悪かったので彼女は悲しかった」⇒「彼の行儀の悪さが彼女を悲しませました」：make A B（A を B にする）を使って表す。A ＝ her で、B ＝ sad となる。
❺「私の自尊心は私がその金を受け取ることを許さなかった」⇒「私は自尊心が強かったので、その金を受け取ることはできなかった」：名詞の pride を形容詞の proud に変え、too … to ～（…すぎて～できない）の形を使って言いかえる。

❺「何回行ったことがありますか」は、How many times（何回）ではじまる現在完了（経験）の疑問文で表す。「～へ行ったことがある」は have been to ～ で表す。
❻「（今年は）～ほど降らなかった」は、not as … as ～ の形を使い、didn't have as much rain (this year) as ～ とする。this year は副詞句として使う。

3 ❶ That dog running in the garden is Mr. Suzuki's. ❷ A short walk brought me to the art museum. ❸ Please tell me what the island is like. ❹ What a mysterious e-mail he sent me last night! ❺ How many times have you been to Canada? ❻ We didn't have as much rain this year as last year.

解説
❶「庭を走っているあの犬」は、That dog を現在分詞の句（running in the garden）が後ろから修飾する形で表す。
❷「少し歩くと～に着いた」を「短時間の歩行が私を～に連れて行った」という文で表す。A short walk を主語にするのがポイント。日本語にはない言い方。
❸ like を「～のような」という意味の前置詞として使う。この like を使った疑問文 What is ～ like? は「～はどんなもの〔人〕ですか」という意味の決まった言い方。ここではそれを間接疑問（what ～ is like）にして使う。
❹「なんて不思議なメール」を〈What ＋ a ＋形容詞＋名詞〉の形で表し、あとに〈主語＋動詞…!〉をつづけて感嘆文にする。

4 ❶ How many hours does it take to fly to Australia? ❷ I've used it since I started working five years ago. ❸ Do you know why Mr. Yamada looks very tired? ❹ Nothing is more important than family for me.

解説
❶「オーストラリアへ飛行機で行くのに何時間かかりますか」「約8時間です」：形式主語の it を使い、「～へ飛行機で行くこと」を不定詞の句（to fly to ～）で表す。「（時間が）かかる」は動詞の take で表す。
❷「このバッグをどのくらい使っているのですか」「5年前に働きはじめてからずっと使っています」：since I started working で「（私が）働きはじめてから（ずっと）」という意味の副詞節になる。動詞の start は動名詞も不定詞も目的語にできる。
❸「なぜ山田さんがとてもつかれているように見えるのか知っていますか」「よくわかりませんが、彼は（このところ）とてもいそがしいんだと思います」：why Mr. Yamada looks very tired という間接疑問をつくるのがポイント。この look は「～に見える」という意味。
❹「ピーター、あなたの人生でいちばんたいせつなものは何ですか」「私にとって家族以上にたいせつなものはありません」：Nothing is more … than ～（～より…なものはない）で最上級と同じ意味を表すことができる。

●第3回 p.130-131

1 ❶イ ❷イ ❸ア ❹ア ❺エ

解説

❶「夕飯の用意ができましたよ」「わかった、ママ。いま行きます」：相手のほうへ「行く」というときは come を使う。I'm coming は、進行形で近未来を表す用法。

❷「ミチコの誕生日プレゼントに何を買えばいいのかわからないんです」「花を買ってはどうですか」：what to buy で「何を買えばいいのか」という意味の名詞句になる。

❸「昨夜のパーティーにはどのくらいいたのですか」「午前0時までです」：前置詞の until（～まで）と by（～までに）のちがいに注意。

❹「何か書くものをもっていますか。えんぴつを忘れたんです」「いいですよ。青いペンでいいですか」：えんぴつを忘れたと言っていることから、anything to write with（何か書くもの）とする。この with は write with a pen（ペンで書く）というときの with。

❺「急いで、エマ、さもないと私たち、バスにおくれてしまう！」「心配しないで。数分で（＝すぐに）用意ができるから」：時の経過（～たてば）を表す in を使う。

2 ❶ The building seen over there …
❷ When did Susan return from …
❸ … One is black and the other is blue. ❹ … and I must buy a new one.
❺ … one of the greatest movies …

解説

❶「向こうに見える建物は私たちの学校です」：building は「見られる」側なので、building seen over there（向こうに見られる建物）とする。過去分詞の形容詞的用法。

❷「スーザンは長い旅からいつ帰ってきたのですか」：When（いつ）が使われているので、現在完了は使わない。

❸「私はペンを2本もっています。1本は黒で、もう1本は青です」：ペンは2本なので、1本が決まると、もう1本は必然的に特定されるため、the other を使う。

❹「私はうで時計をなくしてしまったので、新しいのを買わなくてはならない」："なくしたうで時計"をさす場合は it を使うが、単に"うで時計"をさす（＝名詞 watch の代わりをする）場合は、不定代名詞の one を使う。

❺「『タイタニック』は私がいままでに見た最もすばらしい映画の1本です」：〈one of the ＋形容詞の最上級＋名詞〉（最も～なものの1つ）の形では、名詞は複数形になる。

3 ❶ let ❷ taller, any ❸ has, been
❹ What, made ❺ Few, students
❻ he, had

解説

❶「彼がいつ家に帰るのか知りたい」⇒「彼がいつ家に帰るのか知らせてください」：〈let ＋人＋ know ～〉で「人に～を知らせる」という意味になる。ここでは、人＝ me（私）。

❷「ポールはクラスでいちばん背が高い生徒です」⇒「ポールはクラスのほかのどの生徒より背が高い」：比較の対象を any other student（ほかのどの生徒）にすることで最上級の意味を表す。

❸「これはユミの初めてのニュージーランド訪問となる」⇒「ユミはいままで1度もニュージーランドへ行ったことがない」：現在完了の経験を表す用法を使う。なお、ここでは後ろに to があるので visited は使えない。have been to ～ の形を使う。

❹「なぜあなたはそんなばかなことをしたのですか」⇒「何があなたにそんなばかなことをさせたのですか」：〈make ＋人＋動詞の原形〉

（人に～させる）の形を使う。

❺「クラスのたいていの生徒はバイオリンをひけない」⇒「クラスのほとんどの生徒はバイオリンをひけない」：否定的な意味を表す few（ほとんど…ない）を使う。

❻「彼は私に、『私はその犯罪とは何の関係もない』と言った」を間接話法にする。〈話し手：彼〉⇒〈話の中の「私」＝彼（he）〉となる。動詞の have は、伝達動詞（told）に合わせて過去形の had にする。
なお、have nothing to do with ～ は「～と関係がない」という意味の熟語。

4 ❶ Our lives are filled <u>with</u> things we need to do. ❷ Paul has <u>been</u> a member of the brass band since childhood. ❸ You cannot make your dream come true <u>without</u> making efforts. ❹ They make many <u>times</u> as much money as Jack does.

解説

❶「～だらけだ」は be filled with ～（～でいっぱいである）で表すので、with を補う。「やらなければならないこと」は things we need to do とする。we の前の目的格の関係代名詞は省略されている。

❷「…の頃から～に入っている（＝～の一員である）」を、現在完了の継続用法を使って表す。has been a member of ～ とするので、been を補う。

❸「夢を実現させる」を make your dream come true で表す。come true は「実現する」の意味。「努力せずに」は without ～ ing（～せずに）の形を使うので、without を補う。

❹「～と同じだけのお金を稼ぐ」なら make as much money as ～ だが、「何倍ものお金」なので、<u>many times</u> as much money as ～ とする。times（～倍）を補う。

●第4回 …………… p.132-133

1 ❶ want ❷ for, us, to, win ❸ never, seen ❹ what, you ❺ had[got], carried ❻ if[whether], himself

解説

❶「あすのパーティーに何を持っていきましょうか」⇒「あすのパーティーに（私に）何を持ってきてほしいですか」：相手の意向をたずねる shall I ～ を、〈want ＋人＋ to ～〉（人に～してもらいたい）を使って言いかえる。

❷「私たちはその競走に楽に勝った」⇒「私たちが（＝私たちには）その競走に勝つのは容易だった」：意味上の主語（for ～）のついた不定詞を使って表す。

❸「これは私がいままでに見た最高の映画です」⇒「私はこんないい映画をいままで見たことがありません」：現在完了の経験用法と such（そんな）を使って最上級の意味を表す。

❹「（あなたが）手に持っているものを見せなさい」：「～するもの」という意味の名詞節をつくる関係代名詞 what を使う。

❺「ホテルのボーイが私の荷物を運んだ」⇒「私はホテルのボーイに荷物を運んでもらった」：〈have[get] ＋ A ＋過去分詞〉（A を～される、してもらう）の形を使って表す。

❻「その男はとつぜん『ニック、あなたは（いま）ひとりですか』と言った」⇒「その男はとつぜんニックに、彼がひとりかどうかをたずねた」：疑問文を間接話法に変えるときは、接続詞の if か whether（～かどうか）を使う。また、たずねている相手はニックなので、by yourself は by himself に変える。

2 ❶ Please remember <u>to take</u> your coat when …
❷ … may I ask you how <u>I can</u> get to …

❸ The woman you <u>met yesterday</u> …
❹ … what she <u>was</u> saying … (または I don't understand …)

解説

❶ 「外出するときは忘れずにコートを持っていってください」：remember 〜ing は「〜したことをおぼえている」という意味。remember to 〜（忘れずに〜する）の形にする。

❷ 「すみませんが、最寄りの駅へはどうやって行けばいいかお聞きしてもいいですか（直訳）」：間接疑問なので、how I can get to 〜 という語順にする。

❸ 「あなたがきのう会った女性は私たちの数学の先生です」：you met の前の目的格の関係代名詞（whom）が省略された形なので、met の目的語の her は不要。

❹ 「彼女がスピーチで何を言っているのか私には理解できなかった」：what 以下の間接疑問は過去のことを表しているので、動詞を過去形（was）にする。

3

❶ The country which I want to visit again is Switzerland. ❷ My father asked me to go shopping for him. ❸ Her father repaired the window broken by the strong wind. ❹ I'm looking for something to open this bottle with. ❺ The job made her a very good speaker of French. ❻ Lucy was taking care of a cat whose ears were badly damaged in a fight.

解説

❶ 「私が〜したい国」を、関係代名詞の which を使って The country which I want to 〜 とする。

❷ 「私に〜してくれないかと頼んだ」を〈ask ＋人＋ to 〜〉を使って表す。「買い物に行く」は go shopping。

❸ 「強風で壊れた（＝強風に壊された）窓」を、過去分詞の形容詞的用法を使って表す。the window broken by 〜 となる。

❹ 「この瓶を開けるもの」を、不定詞の形容詞的用法を使って表す。something to open this bottle with となる。

❺ 「その仕事が彼女を大変上手にフランス語を話す人にした」という文にする。make A B（A を B にする）の形を使う。

❻ 「耳にひどいけがを負った猫」を、関係代名詞の whose を使って a cat whose ears were badly damaged とする。

4

❶ How long[Since when] have you been friends? ❷ I ran to the station as fast as possible[I could] to catch the last train. ❸ You should always be proud of being yourself. / You should be proud of being yourself anytime. ❹ The tree (which[that]) I planted five years ago is as tall as I am. / … as tall as me.

解説

❶ 継続の期間をたずねる文なので、How long ではじまる現在完了（継続）の疑問文にする。

❷ 「全力で」は「できるだけ速く」と考えて as fast as possible[I could] とする。「〜に間に合うように」は "目的" を表す不定詞を使って表す。「〜に間に合う」は catch 〜 か、be in time for 〜 で表す。

❸ 「君自身でいること」を be動詞の動名詞を使って being yourself とするのがポイント。「〜に誇りを持つ」は be proud of 〜 で表す。

❹ 「僕が植えた木」は関係代名詞の節を使って表す。the tree (which) I planted となる。「僕の背丈と同じくらいだ」は as … as 〜（〜と同じくらい…）の形を使って表す。

SUPER STEP

2407R7